Otto Rueckert

Georg Ernst, der letzte Graf zu Henneberg

Otto Rueckert

Georg Ernst, der letzte Graf zu Henneberg

ISBN/EAN: 9783743631175

Hergestellt in Europa, USA, Kanada, Australien, Japan

Cover: Foto ©ninafisch / pixelio.de

Weitere Bücher finden Sie auf **www.hansebooks.com**

r let

NAUGUR

osophi

Erlangu

OTTO
Rektor der

Jena 1873.
Druck von W. Ratz.

Nichts mahnt so sehr an
als das Sinken und der Unte
das ehedem mächtig in die G
hat. Der ernste Eindruck wir
Sprosse, sich aufraffend mit
und in sich vereinigend die
schlechtes, umsonst bemüht
zuwenden.

So endigte heldenmüthig
der Vorfahren beschwert verg
pfend Georg Ernst, der le
ten Grafen von Henneberg.

Wenn ich den Versuch
Fürsten zu entwerfen, dess
ehemaligen Grafschaft Henn
Segen gereicht, so bin ich
ginnens wohl bewusst. Sie
an hinlänglichen Quellen, d
Es muss desshalb das Bi
tere Zeit den Schleier lüft
sehr zahlreichen, dermalen
lichen Urkunden gedeckt

Quellen.

Die dieser Arbeit zu Grunde liegenden Quellenschriften sind folgende:

1. **Spangenberg**, hennebergische Chronica. Strassburg 1599.

M. Cyr. Spangenberg aus Nordhausen gebürtig war ursprünglich Theologe, kam als solcher nach Eisleben, später als Schlossprediger nach Mannsfeld; er war Anhänger des Flacius und heftiger Gegner des Synergismus. Da er desshalb von dem Grafen Hans Georg von Mannsfeld seines Amtes entsetzt fliehen musste, begab er sich nach Strassburg und widmete sich geschichtlichen Studien. Auf längeren Reisen, die ihn auch in die Grafschaft Henneberg führten, sammelte er fleissig sein Material, und die Frucht seines Fleisses sind verschiedene Geschichtswerke in dem damals üblichen Chronikenstil. Es muss an ihm ausgesetzt werden, dass er seine Nachrichten nicht mit den Quellen belegt und ein Freund von öfters sehr lächerlichen Fabeln ist.

2. **Glaser**, Rapsodiae sive Chronicon Hennebergicum vom Jahr 1078—1559. Meiningen, 1755.

M. Seb. Glaser war unter Georg Ernst Kanzler in Henneberg. Es sind daher von ihm in Betreff der gräflichen Familie die sichersten Nachrichten zu erwarten. Er war ein vertrauter Freund Spangenbergs und leistete diesem bei seiner Arbeit die wesentlichsten Dienste. Sein Werk wurde erst lange nach seinem Tod durch den Druck veröffentlicht.

3. **Ehre der gefürsteten Grafschaft Henneberg.**

Ein so betiteltes, nur als Manuscript vorhandenes Werk ist eine Frucht langjährigen Studiums von Christian Juncker, einem Mann, der als Rektor des Schleusinger Gymnasiums Zutritt zu allen Archiven hatte und mit unermüdlichem Fleiss sammelte, freilich oft Werthvolles mit Kleinigkeiten vermengend. Der letzte Theil seines aus 5 Foliobänden bestehenden Werkes bietet für unsern Zweck vieles Schätzenswerthe.

3. **Nathanael Caroli**, Anmerkungen über die hennebergischen Genealogien und

4. **Güth**, Poligraphia Meiningensis liefern weniger,
während

5. **Weinrich**, Kirchen- und Schulenstaat des Fürstenthums Henneberg, Leipzig 1720, über die reformatorische Thätigkeit des Grafen die nöthigen Aufschlüsse giebt.

6. **Schultes**, diplomatische Geschichte des gräflichen Hauses Henneberg mit 300 Urkunden. Hildburghausen, 1791.

Der Geschichte selbst ist eine grosse Anzahl von im Text nicht durchgehends benutzten Urkunden angefügt, die für den vorliegenden Zweck ein schätzbares Material liefern.

Ueberblick der hennebergischen Geschichte.

Der erste Graf, der sich nach dem zwischen Thüringer Wald und Rhön liegenden Schloss Henneberg nannte, war der zweifelsohne von den Gaugrafen des Grabfeldes abstammende Poppo I. Ein treuer Vasall Konrads II., Heinrichs III. und Heinrichs IV., starb er für letzteren gegen Rudolph von Schwaben kämpfend in der Schlacht bei Mellrichstadt 1078 nicht weit von seinem Schloss auf eignem Grund und Boden. Von seinen drei Söhnen, Poppo II, Gottwald I und Godebert, setzten nur die beiden ersten das Geschlecht fort, die popponische und gottwaldische Linie von sich ableitend. Schon nach dem 4. Glied überliess die erstere den Nachkommen Gottwalds ihr Erbe. Im Jahre 1274 theilten die hinterlassenen Söhne Heinrichs III. ihre Länder so, das Berthold das Stammschloss Henneberg, die Städte und Aemter Suhl, Schleusingen, Massfeld, die halbe Stadt Themar, das Gericht Benshausen erhielt. Er war der Stifter der nach der nunmehrigen Residenz Schleusingen genannten henneberg-schleusinger Linie, während von seinen Brüdern Hermann II. und Heinrich IV. die henneberg-aschacher und die henneberg-hartenberger Linien ausgingen. Letztere erlosch schon nach kaum mehr als einem Jahrhundert; die aschacher Linie, die ihre Besitzungen dem nahen Hochstift Würzburg verkauft hatte, überkam das Erbe und nannte sich nach ihrer jetzigen Residenz Römhild die römhilder Linie. Wir haben also von 1371 an einen in Schleusingen und einen in Römhild residirenden Zweig des hennebergischen Hauses. Unter mehren anderen Gliedern der Römhilder, die sich dem geistlichen Stand widmeten, war auch Berthold, der gelehrte und aufgeklärte Erzbischof von Mainz, dessen Thätigkeit als Reichskanzler untar Friedrich III. und Maximilian I. von bedeutendem Einfluss geworden ist. Die beiden letzten Glieder dieser Familie starben im Jahr 1549; ihre Besitzungen gelangten aber nur theilweise an die überlebende Linie Der kräftigste Spross, den diese je getrieben hatte, war unstreitig Berthold VII., der Weise, der ein unentbehrlicher Rathgeber und Freund mehrer Kaiser und vieler Fürsten war und 1310 in den Fürstenstand erhoben wurde. Seine Regierungszeit war die Blüthezeit der Macht Hennebergs. Unter seinen Nachfolgern erlahmten allmählig die Schwingen der Henne, und Georg Ernst erschien zu spät, um ihren Flug auf's Neue kräftigen zu können.

Georg Ernsts Familie und Geburt.

Sein Vater war Graf Wilhelm, unter den regierenden Fürsten dieses Namens der IV. zuweilen auch der VI. und VII. genannt. Spangenberg bezeichnet ihn als den VIII. Die Ziffer steht deshalb nicht fest, weil ein vollständig beglaubigter Stammbaum des gesammten hennebergischen Geschlechtes zur Zeit noch nicht bekannt ist. 1487 geboren, verlor Wilhelm schon als zarter Knabe seinen Vater und wurde von seiner Mutter Margaretha, einer Prinzessin aus dem öfter mit den Hennebergern verschwägerten braunschweigischen Fürstenhaus, schon im Alter von 14 Jahren als Mitregent angenommen. Der chleusinger Linie gehörten damals folgende Städte und Aemter au: Schleusingen, Suhl, Mainberg (nahe bei Schweinfurt von dem übrigen Ländern getrennt gelegen), Massfeld, Nordheim, Wasungen, Schmalkalden, Henneberg, Hutsberg, Sulzfeld. Im Jahre 1499 in einem Alter von 22 Jahren vermählte er sich mit der gleichaltrigen Prinzessin Anastasia, einer Tochter des Markgrafen Albrecht Achilles von Brandenburg, zu Neustadt a. d. Aisch, der Residenz der Markgrafen. Die Ehe war mit Kindern reich gesegnet. Die Angaben schwanken zwischen dreizehn und fünfzehn. Nach einer alten Inschrift waren es 7 Söhne und 7 Töchter. Spangenberg führt 7 Söhne und 6 Töchter mit Namen an, will aber noch von einem andern, baldverstorbenen Kind wissen, dessen Namen er nicht habe auffinden können. Während in älteren Schriften auch sonst die gleiche Anzahl genannt wird, weiss der Kanzler Glaser, der jedenfalls gut unterrichtet gewesen sein muss, nur von 13. Demnach waren es 7 Söhne und 6 Töchter. Georg Ernst war das 8. Kind und der 5. Sohn. 2 Söhne und 2 Töchter starben in zarter Jugend. Berühren wir mit wenigen Worten die Schicksale der 8 andern Geschwister Georg Ernsts.

Johann, geboren 1503, trat in den geistlichen Stand, machte seine Studien in Mainz und Paris, wurde Domherr zu Mainz, Köln, Strassburg und Bamberg und 1521 Abt zu Fulda, welche Würde er bis zu seinem 1541 erfolgten Tod bekleidete. Er war sehr unterrichtet, las häufig und gern gute Bücher, besass die den Hennebergern eigene Biederkeit und Leutseligkeit und liess den Ruhm hinter sich, der von ihm bekleideten Würde zu früh entrissen zu sein.

Wolfgang, geboren 1507, betrat die militärische Laufbahn in kaiserlichen Diensten. Von seinem ritterlichen Geist zeugt das häufige, thätliche Mitwirken an Turnieren, sowie seine Theilnahme an dem 2. französischen Krieg, in dem er beim Sturm von Chierasco, als er eben der Hitze halber den Helm abgenommen hatte, von der tückischen Kugel eines Italieners getroffen, geblieben ist.

Christoph, geboren 1510, führte ein minder ruhmvolles Leben. Wiewohl er besser zum Soldaten gepasst hätte, musste er auf Wunsch seines der Geistlichkeit sehr ergebenen Vaters den geistlichen Beruf erwählen. Nachdem er seine Studien in Leipzig absolvirt hatte und Domherr in Würzburg und Bamberg geworden war, führte er ein des geistlichen Standes durchaus unwürdiges Leben. Seine wegen Todtschlags eines Nachtwächters ihm entzogenen Praebenden konnte er nur nach grossen Schwierigkeiten wieder erlangen. Sein liederlicher Lebenswandel verursachte dem Vater vielen Kummer und die Briefe an ihm sind voll der bittersten Vorwürfe. Nachdem er in mehren Feldzügen gegen Osmanen und Franzosen gekämpft hatte und in dem schmalkaldischen Krieg unter der protestantischen Fahne zu Felde gezogen war, verlebte er seine letzten Jahre in Römhild, wo er 1548 starb.

Poppo, jünger als Georg Ernst, wurde 1513 geboren und bei seinem Bruder Johann im Stift zu Fulda erzogen. Nach Vollendung seiner Studien in Freiburg und Strassburg wurde er ebenfalls Domherr zu Würzburg. Sein, wie es scheint, etwas streitsüchtiger Charakter verwickelte ihn wegen eines angeschossenen Hasens in Händel mit dem Grafen Philipp von Hohenlohe, und er hatte das Unglück, denselben bei einem Rencontre in den linken Arm zu verwunden. Sein Gegner starb bald darauf. In Folge dessen entsagte Poppo seinen Pfründen, wurde später absolvirt, da der Gestorbene nicht an der Wunde, sondern in Folge eines dazugekommenen Schlagflusses gestorben sei, nahm jedoch den lutherischen Glauben an und verheirathete sich auf Wunsch seines kinderlosen Bruders mit Elisabeth, einer gebornen Markgräfin von Brandenburg, der hinterlassenen Wittwe Herzogs Erichs des Aelteren, der Stiefmutter der Gemahlin seines Bruders Georg Ernst. Allein sowohl diese Ehe, wie eine zweite mit Sophia, jüngster Tochter Herzog Ernsts zu Braunschweig-Lüneburg blieben kinderlos. Geistig nicht sonderlich begabt, hielt er sich meistens in dem Schloss Frauen-Breitungen auf, mit Excerpiren von biblischen Büchern und Katechismen beschäftigt, und starb im Jahr 1574, nachdem er zweimal für den Kaiser zu Feld gezogen war.

Margaretha, geboren 1508, mit dem Grafen Johann von Sayn und Wittgenstein vermählt, gestorben 1543.

Katharine, geboren 1509, mit dem Grafen Heinrich von Schwarzburg-Sondershausen vermählt. Zur Zeit des Interims nahm sie manchen der flüchtigen Geistlichen bei sich auf und hielt u. a. auch den in der hennebergischen Reformationsgeschichte bekannten Theologen Aquila bei sich verborgen. Durch dem Heldenmuth, den die während des schmalkaldischen Krieges den Uebermuth der Spanier entgegensetzte, hat sie sich ein ruhmvolles Denkmal in der Geschichte gesetzt. Sie starb 1567.

Walpurgis, geboren 1516, gestorben 1570, in erster Ehe mit dem Grafen Wolfgang von Hohenlohe, in zweiter mit Graf Karl von Gleichen verheirathet.

Elisabeth, geboren 1517, gestorben 1577. Sie nahm den Schleier, verliess jedoch später das Kloster und vermählte sich mit dem Grafen Johann von Reiferscheid und Salm. Die beiden letztgenannten Töchter überlebten allein von ihren Schwestern den Vater. Von den Söhnen neben Georg Ernst bloss Poppo.

Kommen wir nunmehr auf den alle seine Geschwister überlebenden Georg Ernst selbst zurück.

Georg Ernsts Jugendjahre.

Georg Ernst wurde geboren am 27. Tag des Monats Mai, welcher 4 Jahre vorher dem Grafen Wilhelm seinen Sohn Wolfgang geschenkt hatte. Von den ersten Jahren seiner Kindheit ist uns so gut wie nichts bekannt, doch soll er nach der Aussage des Chronisten eine streng religiöse Erziehung genossen haben, welche Nachricht auch durch sein späteres Leben, in dem er für alle religiösen Fragen ein warmes Interesse bethätigte, bestätigt wird. Nach der Sitte seiner Standesgenossen der damaligen Zeit kam er als heranwachsender Jüngling an mehre fürstliche Höfe, um durch den Aufenthalt daselbst seinen Anschauungskreis zu erweitern und seine Bildung zu vollenden. So verweilte er an den Höfen der Herzöge Wilhelm zu Jülich, der eine prächtige Hofhaltung führte, und Albrecht von Preussen. Von dort aus soll er Reisen nach Frankreich, nach den Niederlanden, nach Polen, Schweden, Dänemark, Russland unternommen und die Sitten dieser Länder kennen gelernt haben. Um's Jahr 1530 treffen wir ihn in Giessen am Hofe Landgraf Philipps von Hessen, und dieser Aufenthalt wurde besonders für sein späteres Leben wichtig. Philipp wusste den aufrichtigen und ehrlichen Charakter des jungen Grafen, verbunden mit feinem und taktvollem Auftreten wohl zu schätzen und benutzte ihn gern zu wichtigen Missionen. So war der junge Graf auch unter den Begleitern Philipps, als dieser mit 120 in Grau gekleideten Reitern zu jenem wichtigen Reichstag nach Augsburg einritt. Das hennebergische Haus war ausserdem noch durch seine Brüder Johann und Wolfgang vertreten. Ueber den Aufenthalt der hennebergischen Grafen liegt ein ziemlich umfangreicher Briefwechsel vor, aus dem wir jedoch kaum etwas von allgemeinem Interesse entnehmen können. Johann und Wolfgang brachten ihre Zeit meist mit Trinken, Spielen und anderen Passionen zu, und der Vater klagt zum Oeftern bitter über ihre Geldverschwendung. Georg Ernst, der jenen Leidenschaften nicht aus Neigung huldigte, aber doch Ehren halber mehr, als ihm lieb war, aufgehen lassen musste, wurde bald des Reichstags müde und schreibt seinem Vater, dass er lieber zu Hause bleiben und einem fetten Hirsch schiessen, als müssig das Geld verzehren wolle. Immerhin war die Anwesenheit des Grafen auf dem Reichstag nicht ohne Bedeutung für ihn, indem er die Bekanntschaft vieler protestantischer Fürsten machte, die lutherische Confession genauer kennen lernte und überhaupt einen Reichthum neuer Anschauungen zurückbrachte, die er später in als Regent zum Nutzen seines Landes verwerthete. Nach

Beendigung des Reichstages kehrte er wieder nach Philipps Hof zurück. Man bedurfte dort seiner. Denn Philipp ging eben mit dem Gedanken um, den vertriebenen Herzog Ulrich von Württemberg in sein angestammtes Land zurückzuführen. Geheime Pläne dazu waren gleich nach seiner im Jahre 1519 erfolgten Vertreibung geschmiedet worden. Allein die Umstände lagen damals noch nicht günstig. Im November 1532 hatte Christoph, des Vertriebenen Sohn, der am Hof König Ferdinands erzogen worden war, Mittel zur Flucht gefunden und forderte nun öffentlich sein Erbe zurück. Selbst die Herzöge von Baiern, die an seines Vaters Vertreibung mitgewirkt hatten, waren jetzt auf seiner Seite; der schwäbische Bund, des Herzogs grösster Feind war aufgelöst worden. Philipp setzte sich insgeheim mit König Franz I. in's Einvernehmen und weihte neben wenigen Andern Georg Ernst in seine Pläne ein. 1534 im Januar begaben sich beide nach Barleduc, wo das Nähere über die vom König zu leistenden Hülfsgelder verabredet wurde. Vermittelst derselben wurde es Philipp möglich ein tüchtiges Heer von 20,000 Mann Fussvolk und 4000 Reitern zusammen zu bringen. Diese befehligte er selbst, jene der Graf Wilhelm von Fürstenberg. Von den 22 Rittmeistern, die unter letztgenanntem standen, war einer der junge Graf von Henneberg, der sich die Sporen verdienen wollte. In dem am 12. Mai desselben Jahres bei Laufen erfolgten Treffen wurden die Oestreicher, an Zahl kaum halb so stark, besonders durch einen kräftigen Abgriff der hessischen Reiter schnell besiegt und auseinander gesprengt. So ward Württemberg wieder frei. Georg Ernst hatte tapfer gekämpft und seine erste Waffenprobe gut bestanden.

Bald darauf trat er in kaiserliche Dienste, und wir finden ihn in solchen noch einige Male auf dem Feld der Ehre. Franz Sforza war eben gestorben, Karl V. von seinem Feldzug nach Afrika zurückgekehrt, der französische König hatte nichts Eiligeres zu thun, als seine Ansprüche auf Mailand zu erneuern und ausserdem noch mit Ansprüchen auf Savoyen hervorzutreten. Im März 1536 brach er in dieses Land ein und befand sich schon im folgenden Monat in der Hauptstadt Turin. Im Juni war auch das Heer des Kaisers beisammen, bestehend aus 10,000 Spaniern, 20,000 Italienern und 3 starken deutschen Regimentern unter Maximilian Eberstein, Franz Hemstein und Kaspar Frundsberg. Unter des letzteren Heerhaufen befand sich Georg Ernst. Der Kaiser besichtigte es selbst und lobte seine Tüchtigkeit. Nunmehr überschritt der Kaiser die französische Grenze, vernichtete ein kleines Truppencorps, das sich ihm entgegenstellte und schlug im August sein Lager bei Aix auf, während zu gleicher Zeit ein anderes Heer von Norden her nach Frankreich einmarschirt war. Der Feldzug war jedoch nicht geeignet, um unserem jungen Krieger zu Ruhm und Ehre zu verhelfen. Denn der König Franz nahm gar keine Feldschlacht an, sondern wartete ruhig in seinen beiden befestigten Lagern bei Avignon und Valence, bis das kaiserliche Heer durch Mangel an Lebensmitteln in die drückendste Lage gerieth. Getrocknete Feigen, Obst, unreife Trauben waren fast die ausschliesslichen Nahrungsmittel der hungernden Landsknechte. Hunger war der einzige Feind, den sie sahen, gegen den sie zu kämpfen hatten. Georg Ernst war unter den Truppen, die sodann bis nach Marseille zogen. Doch ist von seinen Erlebnissen auf diesem Zug weiter nichts bekannt, als dass er nach Spangenberg wiederholte Proben seiner Tapferkeit und Ausdauer ablegte. Der Feldzug blieb bekanntlich ohne Erfolg, und der Kaiser ging endlich wieder zurück mit dem Bewusstsein, bis in's Innere des feindlichen Landes vorgedrungen zu sein und dasselbe mannigfach beschädigt zu haben.

Wenige Jahre darauf finden wir Georg Ernst in Ungarn in dem Feldzug gegen die Osmanen betheiligt. Gegen die Türken, den Erbfeind der Christenheit, zu ziehen, war schon frühe ein lebhafter Wunsch des Grafen gewesen. Als das Reich im Jahre 1532 an Ferdinand Hülfe gegen die Türken sandte, wäre er gern Hauptmann der fränkischen Kreistruppen geworden. Er bat desshalb seinen Vater flehentlich, sich für ihn zu verwenden: man möge nicht etwa der Unkosten wegen von ihm abstehen, denn er sei mit geringem Sold zufrieden und wolle keinen fürstlichen Aufwand machen. Doch damals zerschlug sich die Sache. Der jetzt 10 Jahre später unternommene Feldzug war mit grossen Hoffnungen begonnen worden. Da nämlich die Nachrichten aus Ungarn von den Fortschritten Solimans sehr bedrohlich gelautet hatten, so war vom Reichstag ein Heer von 40,000 Fussgängern und 8000 Reitern bewilligt worden. Den Oberbefehl erhielt der Churfürst Joachim II. von Brandenburg. Doch der raschen Bewilligung folgte keine eben so rasche Verwirklichung nach. Die Ausrüstung des Heeres, welches Joachim im Juni 1542 bei seiner Ankunft in Wien vorfand, war äusserst mangelhaft. Die Einen hatten kein Pulver, die Anderen kein Geschütz, bei wieder Andern war die Dienstzeit schon abgelaufen, als sie ankamen, noch Andere endlich kamen gar nicht zur rechten Zeit an. Der König Ferdinand musste namhafte Geldsummen leihen, um das Heer nur zum Ausmarsch zu bringen. Endlich rückte es in Ungarn ein; allein bald blieb das Geld aus, und die unzufriedene Soldateska forderte drohend den rückständigen Sold. Kein Wunder, dass Joachim, der den besten Willen haben mochte, keine Fortschritte machen konnte. Dennoch fielen einige Scharmützel günstig für ihn aus. Georg Ernst hatte als Oberst der fränkischen Kreistruppen ein Kommando über 700 Pferde und 7 Fähnlein auserlesener Fussknechte. Von seiner persönlichen Tapferkeit wird viel Rühmliches erzählt. Oft soll er mit geringer Mannschaft gegen eine überlegene Schaar Osmanen vorgegangen sein und sie auseinandergesprengt haben. Einst soll er sein schon verwundetes Pferd angetrieben haben, noch über einen breiten Graben zu setzen und so mit genauer Noth den nacheilenden Feinden entgangen sein. Damals wurde er auch Lebensretter des Herzogs Moritz von Sachsen. Dieser war schon vom Pferde gerissen und hatte seinen treuen Diener, der ihm zu Hülfe geeilt war, neben sich fallen sehen, als eben Georg Ernst ankam, die Türken in die Flucht schlug und den Herzog aus der drohenden Gefahr befreite. Dieser erwies sich später dankbar dafür. Denn als nach der unglücklichen Schlacht bei Mühlberg Karl V. den Untergang der Stadt Schmalkalden, des Kernes der protestansischen Opposition, beschlossen hatte, begab sich Georg Ernst, der im Krieg neutral geblieben war, in das kaiserliche Lager vor Wittenberg und bewirkte durch Moritzens Fürsprache, dass Schmalkalden verschont blieb. Der Rückmarsch der kaiserlichen Armee berührte weder Schmalkalden noch einen andern Theil der Grafschaft. Doch kehren wir zum ungarischen Feldzug zurück. Die Unordnung war hier nach und nach auf's Höchste gestiegen. Als es zum Sturm gegen Pest kommen sollte, verweigerten die Soldaten gradezu den Gehorsam und machten Miene, gegen die Offiziere, ja gegen den Feldherrn thatsächlich zu werden. Joachim musste daher, nachdem er eine Winterbesatzung angeordnet hatte, den Rückzug antreten. Mit diesem Rückzug war denn auch dem jungen Grafen die Möglichkeit abgeschnitten, sich Lorbeeren als Feldherr zu erwerben. Doch hatte er hinlängliche Beweise seiner persönlichen Tapferkeit abgelegt und wiederholt gezeigt, dass er Muth und Willen habe, sein Leben für eine gute Sache in die Schanze zu schlagen. Seine Thätigkeit bewegte sich von nun an in einer anderen Sphäre.

Georg Ernst's Verheirathung und Regierungsantritt.

Es ist zu vermuthen, dass Georg Ernst sei es während seines Aufenthaltes an Philipps Hof, sei es auf irgend einer Reise die Bekanntschaft einer Dame aus dem niederen Adel gemacht und beabsichtigt habe, dieselbe zu ehelichen. Den Grund zu dieser Vermuthung giebt uns der Umstand, dass Georg Ernst im Jahr 1542 seinem Vater einen Revers unterzeichnete, dass er sich nicht mit einer Dame aus dem niederen Adel verehelichen wolle, damit der Ruhm des hennebergischen Geschldchtes nicht sinke, im Fall der Nichterfüllung des Reversers aber sich als unfähig zur Regierung bekenne. Georg Ernst erfüllte sein Versprechen, indem er sich in demselben Jahr mit der Prinzessin Elisabeth, der Tochter des Herzogs Erich von Braunschweig-Lüneburg, vermählte, deren Mutter gleichen Namens eine geborene Markgräfin von Brandenburg war. Die Prinzessin war protestantisch; wesshalb der Umstand, dass der noch immer streng katholische Graf Wilhelm seinen Consens gab, als ein Akt der Dankbarkeit gegen seinen Sohn für die Erfüllung des oben erwähnten Reverses angesehen ist.

Des alten Grafen Concessionen gingen aber noch weiter. Es mochte wohl von Seiten der Angehörigen der fürstlichen Braut der Wunsch geäussert worden sein, einen regierenden Fürsten als Gemahl derselben zu sehen. Wilhelm verstand sich daher dazu, seinem Sohn Georg Ernst die Regierung des Landes abzutreten, wozu ihm sein Alter allein — er war damals 65 Jahre — wohl noch nicht vermocht haben würde. Er bedung sich eine eigene Hofhaltung, die Aemter Schmalkalden, Wasungen, Breitungen, Felda zur Nutzniessung und überdies 400 Gulden Apanage aus. Ausserdem beanspruchte er, bei wichtigen Angelegenheiten zu Rathe gezogen zu werden und die auswärts gehenden Schriftstücke Ehren halber mit seinem Namen unterzeichnen zu dürfen. In der That gab er bis zu seinem 1559 erfolgten Tod die Zügel der Regierung nie ganz aus der Hand, und die in der Entsagungsurkunde vorgeschützte Schwäche des Alters war eben ein blosser Vorwand. Dem Kaiser gegenüber entsagte er seinen Lehen erst 1555 und liess sie auf seinen Sohn übertragen. Wie stand es nun mit den übrigen Söhnen in Betreff der Erbfolge? Johann und Christoph waren in den geistlichen Stand übergetreten, ersterer sowie auch Wolfgang bereits mit Tod abgegangen. Es kam nur noch Poppo in Frage, der kurz zuvor den geistlichen Stand verlassen hatte. Seit 200

Jahren war es in der henneberg-schleusinger Linie üblich gewesen, dass bloss der älteste Sohn die Regierung übernahm, während die übrigen auf andere Weise abgefunden wurden. So hatte der schon verstorbene Johann, so der noch lebende Christoph, obwohl sie Geistliche waren, besonderen Verzicht geleistet. So verzichtete nun auch Poppo in einem Revers auf die Regierung und erhielt dafür Schloss und Amt Ilmenau sammt dem dazugehörigen Wald, wozu später noch Frauen-Breitungen, Hallenberg und Schmalkalden kamen. Auch wurden ihm noch andere Jagdreviere durch die Güte seines Bruders zugewiesen, in denen er für seine Person nach Belieben seiner leidenschaftlichen Jagdliebhaberei fröhnen durfte. Denn er blieb trotz jenes dadurch hervorgerufenen Unfalls ein eifriger Jäger und liebte es vorzüglich dem Haselhuhn mit der Pfeife nachzuspüren. Dazu erhielt er noch eine Apanage von 300 Gulden und für den Fall, dass Georg Ernst keine Nachkommen erzeugte, das Recht der Succession. In Betreff derselben waren nach der Voraussetzung, dass doch einer von beiden Brüdern successionsfähige Kinder erzeugen würde, alle erdenklichen Eventualitäten in dem Revers vorgesehen worden.

Abgesehen von dem in der standesgemässen Verheirathung seines Sohnes liegenden Motiv mag noch ein andrer Grund den alten Grafen zur Abdankung bewogen haben. Die Grafschaft war unter seiner Regierung durch unökonomische Verwaltung und eine im Verhältniss zu den geringen Einnahmen immerhin zu kostbare Hofhaltung immer tiefer in Schulden gerathen. Die Unterthanen des Landes hatten daher im Jahr 1543 die Summe von 45,000 Gulden zur Bezahlung derselben gegeben; der Graf sich dagegen verpflichtet, ohne ganz besondere Noth keine Steuern zu erheben; sondern nur in den Fällen, dass die Herrschaft in unerwartete Bedrängniss gerathen, oder dass durch den Kaiser eine Reichssteuer erhoben werden solle.

Tief greifende Veränderungen veranlasste Georg Ernst gleich im ersten Jahr seiner Regierung.

Die Kirchenverbesserung in Henneberg-Schleusingen.

Wilhelm war bekannt als eifriger Katholik; er hatte die Wallfahrt zu Grimmenthal, einige Stunden von seiner Residenz gelegen, vor wenigen Jahrzehnten in Aufnahme gebracht, innerhalb derselben ein Minoritenkloster gestiftet und dotirt; er für seine Person hing noch fest am Hergebrachten und wollte den Neuerungen übel. Nichts hatte seinen starr am Alten hangenden Sinn empfindlicher berührt, als dass in Schmalkalden, in seiner Stadt, ein Bündniss gegen die katholischen Mächte geschlossen worden war, was er, da die hessischen Landgrafen im Mitbesitz der Stadt waren, wohl oder übel geschehen lassen musste. Mit Johann dem Beständigen war er einst in Streit gerathen, als das Dorf Reurieth von jenem einen lutherischen Geistlichen begehrte, was Wilhelm als Patron der Kirche nicht zuliess; später gewährte er wohl den Einzelnen den Uebertritt, untersagte aber den öffentlichen Gottesdienst nach lutherischem Ritus. Die Stadt Hammelburg hatte er, als sie sich schon dem evangelischen Glauben zugewandt hatte, wenn auch ohne Erfolg von ihrem Vorhaben abzubringen gesucht. Vereinzelte Strahlen des evangelischen Lichtes waren auch schon in andere Orte der Grafschaft eingedrungen, in die Städte Schmalkalden und Salzungen, in das Dorf Steinbach-Hallenberg. Gegen die in Schmalkalden vorgenommenen Neuerungen hatte Wilhelm einen strengen Befehl in einem Handschreiben an den Bürgermeister erlassen, er solle bei dem Pfarrer verfügen, dass die bereits vorgenommenen Neuerungen unterlassen und nicht gestattet werden solle, andere, als die bisher üblichen kirchlichen Gebräuche einzuführen, weil er ein entgegengesetztes Handeln dem Kaiser gegenüber nicht verantworten könne. Da jedoch Schmalkalden eben in hessischem Mitbesitz stand, so konnte er dort die Einführung der Reformation nicht verhindern. Auf dem Reichstag zu Worms hatte er sich sehr anerkennend über Luthers Muth ausgesprochen und in seinem Herzen vielleicht einige Regungen für ihn verspürt; doch sie waren durch seine Eingenommenheit für den katholischen Ritus schnell unterdrückt worden. Nach Luthers Gefangennehmung bei Altenstein hatte man allgemein geglaubt, Graf Wilhelm habe den kühnen Mönch aus dem Wege geräumt, und er hatte Mühe gehabt, um sich von diesem Verdacht zu reinigen. Während des Bauernkriegs schien er den neuen Ideen einige Concessionen gemacht zu haben. Doch es ist nur als ein Akt der Nothwendigkeit zu betrachten, dass er die 12 Artikel der Bauern unterschrieb. Und wenn er auch vor diesem nothgedrungenen Schritt wegen Geldmangel seinen Plan, dem im Schloss Frauenberg hart belagerten Bischof von Würzburg zu Hülfe zu eilen, nicht hatte durchführen können, so war er einige Monate darauf, als die Räubereien der Bauern besonders auf würzburgischem Gebiet immer mehr überhand nahmen, mit seinem Sohn Johann an der Spitze von 300 Pferden und 400 Fussgängern dem bedrängten Kirchenfürsten zu Hülfe gezogen, hatte ihm wieder zum Besitz seines Landes verholfen und die Zerstörer seiner Stammburg Henneberg derb gezüchtigt. Es sei hiermit die Gesinnung und das Verhalten des Grafen Wilhelm in Betreff der religiösen und politischen Neuerungen geschildert. Wir sehen in ihm einen Mann, der mit den alten Verhältnissen aufgewachsen und innig verbunden mehr und mehr die Nothwendigkeit eines Umschwungs ahnte, der für seine Person jedoch das Alte noch zu lieb hatte, um sich rasch von ihm zu trennen. Dessbalb hatte er den Aufforderungen zum Uebertritt seitens verschiedener ihm nahe stehendem Personen, zu denen auch die bereits protestantischen Glieder der römhilder Linie gehören mochten, kein Gehör geschenkt. Einigen ihm näher stehenden Fürsten zu Liebe hatte er zwar seinen Klerikern einige ihm besonders verdächtig gemachte Punkte, die Messe, das Klosterleben, den Heiligendienst betreffend, vorgelegt und ein Gutachten darüber aufsetzen lassen. Dieses Gutachten war sodann durch Johann Friedrich den Grossmüthigen auch Luther vorgelegt worden. Da sich jedoch Graf Wilhelm mit der Antwort seiner Kleriker zufrieden gezeigt hatte, so war die Sache ohne weiteren Erfolg verlaufen. Wiewohl also persönlich der Kirchenverbesserung fremd bleibend, erlaubte er doch jetzt seinem Sohn, dieselbe im hennebergischen Land durchzuführen. Dieser war vorsichtig und behutsam zu Werke gegangen. Er hatte seinem Vater vorgestellt, dass manche seiner Unterthanen sich bereits zur evangelischen Lehre bekannt hätten, dass bei weitem die meisten sich zu ihr hinneigten, dass die Religion eine Sache des Gewissens sei, dass es nicht in eines Fürsten Macht stände, Gottes Wort zu binden; er möge daher erlauben, dass zur Beruhigung der geängstigten Gewissen ein evangelischer Priester gerufen würde, um den Landständen ihren Willen zu gewähren. So hatte endlich Wilhelm seine Einwilligung gegeben, doch mit der Beschränkung, dass er und sein Hof der alten Kirche treu bleiben wollten.

Georg Ernst theilte Luther seinen Plan mit, bat ihn um seine Unterstützung und ersuchte ihn besonders um Zusendung eines geeigneten Theologen. Luther schickte ihm Johann Förster, Dr. theol., nachmals Professor der hebräischen Sprache zu Wittenberg, der sich als Gehülfe Luthers bei seinem Uebersetzungswerk, als Reformator der Kirche zu Regensburg und Henneberg, als Verfasser des ersten von einem Protestanten geschriebenen dictionarium hebraicum, durch seinen vertrauten Umgang mit Luther, Melanchthon, Jonas u. a. in der Reformationsgeschichte ein rühmliches Denkmal gesetzt hat. Noch im Jahr 1543 predigte er in Schleusingen, im folgenden in vielen aneren Orten der Grafschaft, z. B. in Meiningen, wo schon vor ihm ein kleiner Anfang gemacht worden war. Nunmehr trat Georg Ernst öffentlich zur lutherischen Kirche über und ernannte Förster zum General-Superintendenten der hennebergischen Lande. Es wurde im ganzen Lande die Predigt des Evangeliums gestattet, nicht gewaltthätig durchgesetzt. Aber mit der Erlaubniss war nicht gleich die Möglichkeit gegeben. Denn wiewohl viele Geistliche übertraten, so stellte sich ein bedeutender Mangel an tauglichen Predigern ein. Die unter

Försters Leitung in demselben Jahr 1544 abgehaltene Generalvisitation der Kirchen des Landes führte diesen Mangel an das Licht und machte die entsetzliche Ignoranz des hennebergischen Klerus offenkundig. Die übrigen Visitatoren waren theils Geistliche, theils Staatsbeamte, unter ihnen der damalige Kanzler Dr Johann Jäger. Sie richteten ihr Augenmerk hauptsächlich darauf, dass die Sacramente rein nach Christi Einsetzung verwaltet, dass das Evangelium rein von päpstlichen Zuthaten gepredigt, gleichmässige Ceremonien eingeführt würden. Zu diesem Zwecke nahm man einstweilen die Nürnberger Agende in Gebrauch. Ausserdem sahen sie darauf, dass für jede Kirche eine deutsche Bibel und Katechismus angeschafft, dass die Geräthe in Stand gehalten, Schulen eingerichtet und der Ertrag des Gotteskastens zum Besten der Armen verwendet würde. Auch streifte ihr Blick auf das kirchenrechtliche Gebiet, indem eine dreimalige Proklamation Verlobter eingeführt wurde. Da, wie schon erwähnt, viele der Geistlichen unfähig waren, manche neben dem Amt noch ein Handwerk trieben, so wurde beschlossen, dieselben vor ihrer Anstellung einer Prüfung zu unterwerfen und sie besonders über ihre Tauglichkeit zum Predigen zu examiniren In den Gemeinden mochten arge Missstände zu Tage getreten sein, an denen theils diese selbst, theils die Geistlichen Schuld trugen. Unter den Klerikern, die zum Protestantismus übertraten, zeichneten sich die Mönche durch Unwissenheit aus. Um nur einige Beispiele davon anzuführen, so trat einer von ihnen, als man höhere Ansprüche in Betreff seines Wissens an ihm machte, wieder zur alten Kirche zurück. Ein anderer hatte trotz siebenjähriger Wirksamkeit als Priester nie die Bibel gelesen. Die meisten der übergetretenen Mönche wurden vom geistlichen Amt fern gehalten. In Betreff der Aufhebung der ziemlich zahlreichen Klöster huldigte man einer milden Praxis, indem man nur die Aufnahme von Novizen untersagte, den derzeitigen Insassen jedoch den Aufenthalt und den Genuss gewisser Renten auf Lebenszeit gestattete. Nur wo sich die Mönche widersetzlich zeigten, verfuhr man strenger. So wurden 1554 alle Güter des Klosters zu Frauen-Breitungen eingezogen, da der Abt sich in Ränke gegen die evangelische Lehre eingelassen hatte, die Klostergebäude in ein Schloss verwandelt und dem Grafen Poppo zugewiesen. Aehnlich verfuhr man mit den Mönchen des Minoritenklosters zu Schleusingen, welche ihrer Widersetzlichkeit halber aus dem Lande gewiesen wurden, während die Güter des Klosters Vessra, in dem sich die Gruft der henneberger Grafen schleusinger Stammes befand, erst nach dem Tod des letzten Abtes eingezogen wurden. Von der Uneigennützigkeit und der treuen Vorsorge Georg Ernsts zeugt der Umstand, dass sämmtliche Revenuen der nach und nach eingezogenen Stifter zu Kirchen- und Schulzwecken verwendet wurden, indem man mit ihnen theils die Gehalte der Geistlichen und Lehrer verbesserte, theils Fonds für emeritirte Geistliche und deren Wittwen gründete.

So verlief denn die Einführung der gereinigten christlichen Religion im Allgemeinen wie in den meisten andern Staaten Deutschlands: die späteren Auswüchse wurden abgeschnitten, neue kräftige Reiser aufgepfropft. Georg Ernst ging allenthalben mit Mässigkeit und Umsicht zu Werke, ohne irgendwie Gewalt zu brauchen. Davon zeugt der Umstand, dass manche hennebergische Orte erst lange nach dem Jahr 1544 übertraten, dass auch in protestantischen Dörfern noch viele Katholiken zurückblieben und oft Anstifter aergerlicher Händel wurden. Daher war denn das Werk der Erhaltung fast schwieriger, als das der Einführung. Es trat besonders der schon erwähnte Uebelstand immer mehr hervor, dass es den meisten Geistlichen an einer gründlichen oder auch nur genügenden Vorbildung fehlte. Es gab an den Hirten der jungen protestantischen Gemeinden mehr zu tadeln, als an der Heerde. So nahmen sich zumal junge Geistliche öfter eine Ueberschreitung der Redefreiheit heraus, die viel böses Blut machte. Sie pflegten übelberüchtigte Personen ihrer Gemeinden, oder auch solche, die sich nur hin und wieder ein Vergehen hatten zu Schulden kommen lassen, in ihren Predigten so zu charakterisiren, dass ein Zweifel über die angegriffene Person nicht stattfinden konnte. Oder sie drohten gar die Namen der betreffenden Personen von der Kanzel herab zu nennen. Mit dem Kirchenbann pflegte man äusserst leichtsinnig umzugehen; es kam vor, dass Vormittags der Bann auf ungenügende Erkundigung hin ausgesprochen, Nachmittags nach näherer Information widerrufen wurde Eine Verordnung Georgs: „Getreue Unterweisung vor die jüngeren Priester, wie sie sich in ihrem Amt mit Bestrafung der Sünden rechtschaffen halten sollten", hatte nichts gefruchtet. Unter solchen Umständen machte er sich allmählig mit dem Gedanken vertraut, ein Consistorium einzusetzen. Da er bisher das Bedenken dagegen gehabt hatte, dass diese Einrichtung „nach papistischen Sauerteig schmecken und der Arm der Obrigkeit verkürzt werden möge", so holte er zuvor den Rath Melanchthons ein, mit dem er in Betreff der Reformation seiner Lande überhaupt in Briefwechsel stand. Melanchthon schrieb ihm zurück: „Also bitten und rathen wir unterthäniglich, Eure fürstliche Gnaden wollen auch ein Consistorium in ihrem Lande mit fünf christlichen verständigen Personen ordnen; dieses würde in viel Wege zu Zucht und Frieden, auch zu Einträchtigkeit in der Lehre bei den Pastoren selbst dienen und würde eine Furcht machen bei den Pastoren und gemeinem Volk." Georg Ernst erwog seinen Plan nochmals und schrieb an seinen Vetter, den Fürsten zu Anhalt und Dompropst zu Magdeburg, er wolle in seiner geringen Herrschaft ein Consistorium errichten und hoffe, dass dasselbe zur Abschaffung vieler Unordnung dienen werde. An seinen Amtmann Marschall erliess er nunmehr den Befehl, das erwähnte geistliche Gericht nach einer beigegebenen, 9 Artikel enthaltenden Instruktion in's Leben zu rufen. Der Sitz desselben war Anfangs, 1551, zu Schleusingen, wurde aber später nach Massfeld verlegt, wo sich Georg Ernst besonders in der späteren Zeit seines Lebens gerne aufzuhalten pflegte, noch später nach Meiningen. Die Competenz desselben erstreckte sich auf Anstellung, Beaufsichtigung und event. Bestrafung von Geistlichen und Lehrern, auf Schlichtung, der Streitigkeiten zwischen Geistlichen einerseits und Privaten und Gemeinden andrerseits, auf Verleihung von Stipendien und auf Eheangelegenheiten. Mit Bezugnahme auf letztere erhielt das Consistorium anfangs den Namen Ehegericht, welche Bezeichnung auch später im Munde des Volkes üblich blieb. Die vier geistlichen Mitglieder, die in Sachen ihres Amtes öfters Reisen unternehmen mussten, aber dafür anfänglich keine besondere Gratification erhalten hatten, bekamen später dafür eine angemessene Remuneration und sogar je ein Reitpferd. Mit der Errichtung dieses Consistoriums hängt die Eintheilung sämmtlicher Pfarreien in Dekanate zusammen. Alle diese Einrichtungen wurden von Georg Ernst selbst in's Leben gerufen und zeugen von seinem ungemein praktischen Sinn, der es nicht verschmähte, sich um die kleinsten Verhältnisse der Staatsverwaltung zu bekümmern. Als Beispiel hierfür mag die von ihm selbst angeordnete genaue Berücksichtigung der geographischen Reihenfolge bei der Abschickung von obrigkeitlichen Befehlen und Circularen dienen.

Mittlerweile waren die schon seit längerer Zeit im Herzen seines Vaters wurzelnden Zweifel über den Werth des römischen Glaubens immer stärker geworden und es hatte wohl keines zu eindringlichen Zuredens von Seiten Georg Ernsts und Poppos bedurft, um ihn zur öffentlichen Annahme des lutherischen Bekenntnisses zu bewegen. Langer Zeit hatte es bedurft, ehe er sich zu diesem Schritt entschliessen konnte, aber einmal überzeugt, hielt er an der augsburger Confession so fest, wie nur einer der Treuesten thun konnte. Die Zeit seines Uebertrittes war zugleich die in Betreff des Fortbestehens des Protestantismus zweifelhafteste und gefahrvollste. Denn die Schlacht bei Mühlberg war schon geschlagen, und das Interim eingesetzt. Wilhelm setzte die Gnade seines Kaisers und vielleicht seine Grafschaft auf's Spiel. Trotzdem blieb er standhaft und widersetzte sich beharrlich der Zumuthung des Kaisers, das Interim anzunehmen. In einem in sehr ehrerbietigen Ton gehaltenen Schreiben an den Kaiser erinnerte er zunächst daran, dass er bis jetzt in allen weltlichen Dingen dem Kaiser nie den schuldigen Gehorsam verweigert habe, in Betreff der Einführung der Reformation aber glaube er, dass von seinem Sohn und von ihm nur das angeordnet sei, was mit Christi Befehl und den Gebräuchen der alten christlichen Kirche in Einklang stehe; da er also gehandelt habe, wie er es seinem Gewissen und den göttlichen Geboten gegenüber für schuldig erachte, so bitte er den Kaiser, nicht mit Befehlen in ihn zu dringen: denn wer sich um äusserer, weltlicher Gunst willen vom göttlichen Gebot abwendig machen lasse, der könne auch kein treuer Unterthane des Kaisers sein. Ob und welche Antwort der Kaiser gegeben habe, ist unbekannt; so viel steht aber fest, dass man sich im Hennebergischen nicht um das Interim kümmerte. Man fuhr vielmehr fort, an dem inneren Ausbau der Landeskirche zu arbeiten. Zu diesem Behuf ordnete der Graf eine abermalige Visitation der Kirchen und Schulen an. Denn die oben erwähnten Missstände kehrten theils von Zeit zu Zeit wieder, theils waren sie noch nicht vollständig entfernt worden. Förster war damals nicht mehr in Henneberg. Man mag sich mit Recht wundern, dass die Fürsten Hennebergs einen um das Land so hoch verdienten Mann haben ziehen lassen, und es bleibt in der That sein Weggang ein dunkler Punkt in dem Charakter Georg Ernsts. Förster, ein gelehrter, durchaus frommer und gewissenhafter Mann, hatte sich wahrscheinlich durch strenge Handhabung der Kirchenzucht an dem schleusinger Hofe Feinde zugezogen. Denn wie er selbst in sittlicher Beziehung äusserst streng gegen sich war, so wollte er auch dieselbe Strenge gegen andere ausgeübt wissen. Den unmittelbaren Anlass seines Weggangs erfahren wir aus einem Brief an einen seiner Freunde, Veit Dietrich in Nürnberg. Darin heisst es: „cum notorium homicidam ab externa ecclesiae communione excludere officii mei ratio postularet, principes exasperati iuris dictionem suam ecclesiae rapiunt et pedibus proculcant. Ego vero potius mihi cedendum ratus sum, idque non sine rerum mearum irreparabili damno, quam eripi et violari ius ecclesiae. Num pecco, si populi iniquitates et aperta flagitia corripio, si magistratuum negligentiam in puniendis sceleribus taxo, si manifeste flagitiosos ab ecclesiae consortio arceo et secludo." Der Ton an dem kleinen schleusinger Hof scheint in der That nicht immer der reinste gewesen zu sein, wenigstens zu Lebzeiten des Grafen Wilhelm, und Förster mag wohl die Geissel seiner strafenden Rede zu schwingen öfters Ursache gehabt haben. Er sagte also der ihm nicht passenden Hofluft Valet, obwohl seine Frau ihrer Entbindung nahe war, und er in der That noch nicht wusste, wohin? Erst nach einer längeren sorgenvollen Zeit unstäten Umherwanderns kam er als Professor der hebräischen Sprache nach Wittenberg, wo er bis zu seinem Tode blieb. Es trat daher an die Spitze der zweiten im Jahr 1555 eingesetzten Visitationscommission M. Christoph Fischer zu Schmalkalden, ein ebenfalls durch Melanchthon empfohlener junger Theologe. Anfangs wegen seiner Jugend mit einem gewissen Misstrauen betrachtet, wusste er sich durch Gelehrsamkeit und Sittenstrenge so in Respekt zu setzen, dass er bald für den Posten eines Generalsuperintendenten für befähigt erachtet wurde. Er inspicirte scharf und ging faulen Pfarrern heftig zu Leibe, so dass er sich manche Feindschaft zuzog und für einen hochmüthigen und zur Spottsucht geneigten Mann galt. Doch waren ihm die Fürsten wohl gewogen. Wilhelm sprach vor der Visitation zu ihm: „Mein lieber Magister, sehet wohl zu, dass mein Land nicht mit dem schädlichen Gift beschmeisst werde." Wilhelm meinte damit die wiedertäuferischen Ideen, die auch bis nach Henneberg vorgedrungen waren. Die immerhin nur vereinzelt auftretenden Wiedertäufer wurden hier nicht wie anderwärts mit dem Leben bestraft, sondern im Gefängniss unter specielle seelsorgerliche Einwirkung gestellt. Hier wurden sie entweder ihres Irrthums überwiesen oder im andern Fall aus der Grafschaft verbannt. Es hatte sich mit der Zeit dem Grafen Georg Ernst die Ueberzeugung aufgedrängt, dass die Nürnberger Agende, die man seither aus Noth beibehalten hatte, ihrem Zweck nicht entspreche. Er war für seine Zeit auffallend freisinnig und hatte schon früh den Gedanken gefasst, die Aposteltage als besondere Festtage aufzuheben. So missfiel ihm, dass Altar und Priester nach Sonnenaufgang stehen mussten, dass das Kreuz geschlagen wurde, besonders aber dass bei der Taufe der Teufel beschworen wurde. Ueberhaupt waren ihm der Ceremonien zu viel da, für die Predigt zu wenig Spielraum. Daher beabsichtigte er, eine neue Agende für sein Land verfassen zu lassen und suchte zuerst dazu die Hülfe seines Bruders Poppo und der Superintendenten zu beanspruchen. Doch diese letzteren, anstatt die Ceremonien zu beschränken, vermehrten dieselben noch. Daher zog sich Poppo ganz von der Sache zurück, die ihm ohnehin durch seinen Hofprediger verdächtig gemacht worden war. Von seinen Theologen in Stich gelassen, verfasste Georg Ernst selbst unter der Hand eine Agende und gab sie zur Begutachtung an Osiander und Andreae. Bei der Einführung stiess er jedoch auf den heftigsten Widerstand seitens der Geistlichen seines Landes. Man ging so weit, ihm gradezu das Recht abzusprechen, dass er eine Agende einführen dürfe. Sein Widerwillen gegen das überwiegende Ceremonienwesen wurde als calvinistisch, sein Streben nach Gleichförmigkeit als papistisch ausgelegt. Die erbittertsten Feinde waren die beiden Superintendenten Josua Löhner zu Schmalkalden und Thomas Schaller zu Massfeld, während er nur den Pfarrer Utzinger auf seiner Seite hatte. Dieser verfasste auch eine Schrift, in der er den Plan und die Agende des Grafen öffentlich vertheidigte und besonders seine Gründe gegen den Exorcismus geltend machte. Georg Ernst liess sich aber durch allen Widerstand nicht irre machen und setzte es endlich durch, dass auf einer 1580 unter dem Vorsitz des Kanzler Glaser abgehaltenen Synode der hennebergischen Geistlichen die neue hennebergische Agende förmlich angenommen wurde. 1582 erschien sie im Druck und blieb bis 1660 in allen hennebergischen Gemeinden in Gebrauch. Um des Friedens willen hatte Georg Ernst seinen Geistlichen einige Zugeständnisse gemacht, indem er gestattete, dass die zweiten Feiertage mit je zwei Predigten gefeiert würden, dass die Altäre sowie die Sonnabendsvesper unverändert blieben. Trotzdem gab der erwähnte Löhner nach Einführung der Agende seine Stelle auf, weil der Fürst versprochen habe, Luthers Gebete anzufügen, dies aber unterblieben sei. An seine Unterthanen erliess der Graf ein besonderes Ausschreiben, in dem er sein Vorgehen rechtfertigte und seine Gründe ausführlich und gewissenhaft auseinandersetzte. Er habe das Werk nicht aus Eigennutz unternommen, im Gegentheil viele Unkosten und Aerger gehabt; die einzelnen Ausgaben der nürnberger Agende seien nicht gleichförmig, sondern es sei mannigfach an ihnen geändert, in dem Ritus seien noch zu viele Anklänge an den Katholicismus; der Exorcismus sei nicht nöthig, da die Lehre von der Erbsünde auch ohne ihn feststehe, er sei im Gegentheil schädlich, da er zu Misstrauen und Aberglauben Anlass gebe. Der Einsicht des Grafen gereicht es zu besonderer Ehre, dass er einer der ersten Fürsten war, die das Schädliche eines zum Katholicismus hinneigenden Ritus erkannten, seinem Charakter, dass er den Muth hatte, trotz mannigfacher Schwierigkeiten einen einmal gefassten Vorsatz durchzuführen.

Die reformatorische Thätigkeit des Grafen und seiner Theologen erstreckte sich jedoch auch über Henneberg hinaus. Bekannt ist, dass die Concordienformel aus der maulbronner Formel hervorgegangen ist, und diese wieder aus der von Andreae und Chemnitz verfassten Einigungsformel. Weniger bekannt aber dürfte es sein, dass der Anstoss zu dieser letzteren von Georg Ernst hervorgegangen ist. Er hatte nämlich einmal dem Kurfürsten August von Sachsen mitgetheilt, dass seine Theologen zum Theil von der reinen Lehre abgewichen seien. Auch mit dem Herzog Christoph von Württemberg hatte er hierüber verhandelt. Dies war gelegentlich einer fürstlichen Hochzeit zu Stuttgart geschehen, wo er Gelegenheit hatte, württembergische und badische Theologen kennen zu lernen. Auf Veranlassung dieser Anknüpfungen fand bereits 1564 ein theologisches Gespräch zu Maulbronn statt, dessen Resultat den hennebergischen Theologen zur Begutachtung vorgelegt wurde. 12 Jahre später kam denn endlich jene Einigungsformel zu Stande, zu der auch die hennebergischen Theologen Thomas Schaller und Abel Scherdiger, Georg Ernsts Hofprediger und vertrauter Freund, mitgeholfen hatten. Eingehende, jedoch nicht völlig übereinstimmende Nachrichten hierüber findet man bei Weinrich l. c. und in Güths Poligraphia Meiningensis, deren genauere Anführung aber zu weit von unserem Zweck abführen würde. Gelegentlich dieser Colloquien hatte sich auch ein Briefwechsel zwischen Georg Ernst und dem Herzog Christoph von Württemberg über theologische Fragen angebahnt, aus dem wir ersehen, dass der Graf an Luthers Lehre von der Rechtfertigung festhielt, eben so auch an der Abendmahlslehre, dass er jedoch schon damals ein geringeres Mass gleichmässiger Ceremonien begünstigte. Noch können wir hier erwähnen, dass die Concordienformel fast von sämmtlichen hennebergischen Geistlichen unterschrieben wurde.

So war es dem Grafen durch andauernde, schwierige Arbeit gelungen, an die Stelle des faulenden Papismus in seinem Land den lebenskräftigen Protestantismus zu setzen, in moralisch tief gesunkenen Gemeinden eine streng kirchliche und sittliche Gesinnung einzupflanzen, unter den Unterthanen eine allgemeine Vorliebe für seine Neuerungen zu erwecken und an die Stelle von unwissenden, trägen Pfaffen gebildete eifrige Theologen zu setzen, so dass sein und seiner Theologen Einfluss weit über die engen Grenzen seiner Grafschaft hinausging. Zeugniss davon giebt der Umstand, dass man des Grafen Schutz und seiner Theologen Rath in andern Ländern bei Gründung und Erhaltung lutherischer Gemeinden öfters einholte. So konnte er dem Abt von Fulda energische Vorstellungen machen, als dieser das in Fulda und in der zum Stift gehörenden Stadt Hammelburg eingedrungene Evangelium zu unterdrücken bemüht war. So liess der Herzog Albrecht von Preussen, als die eigenthümliche Ansicht Osianders von der Heiligung in seinem Land einen heftigen Streit erregt hatte, ein Schreiben an den Grafen Georg Ernst ergehen und bat ihn um seine Ansicht und um ein Gutachten seiner Theologen. Diese liessen das Richtige in beiden Ansichten gelten und ermahnten, in Eintracht gegen den gemeinsamen Feind auf der Hut zu sein. Die Einwohner Hennebergs aber waren ihrem Landesherrn aufrichtig ergeben und dankbar für seine landesväterliche Liebe, und die Erinnerung an die besonders durch die Einführung der Reformation so ungemein segensreich gewordene Regierung des letzten Grafen ist auch in diesem Jahrhundert in den ehemals zu Henneberg gehörenden Landestheilen nicht erloschen. Dies bewies die in den betreffenden Orten 1844 begangene 300jährige Jubelfeier der Einführung der Reformation.

Die Schulenverbesserung in Henneberg-Schleusingen.

Im innigen Zusammenhang mit der Verbesserung der kirchlichen Einrichtungen steht die Hebung, beziehungsweise Gründung von Schulen. Es mochte zur katholischen Zeit sehr schlimm um das Schulwesen in Henneberg ausgesehen haben, und Georg Ernst, ein Freund der Wissenschaft und Kunst, der auf seinen Reisen hinlänglich Gelegenheit gehabt hatte, sich Anschauungen auf diesem Gebiet zu sammeln, wusste recht gut, wie sehr sein Land in dieser Beziehung gegen manche andere Länder zurückstand. Seine Vorfahren hatten die Schule gar nicht in den Kreis ihrer Regierungsgeschäfte gezogen; sie war lediglich Sache des Klerus, und dieser trieb die Jugendbildung nicht mit zu grossem Eifer. In den Städten waren hin und wieder einige Lehrer angestellt, allein deren Thätigkeit ertsreckte sich nicht einmal auf Schreiben und Lesen, sie bestand fast lediglich in einer Abrichtung für das Ceremoniel des Gottesdienstes. Auf dem Lande hatten die Pfarrer meistens die Schule mit zu versehen; da wir schon von ihrer geringen Befähigung zum geistlichen Amt uns überzeugt haben, so wird ihre Lehrthätigkeit jedenfalls auch nicht hoch anzuschlagen sein. Nun hatte es allerdings im Hennebergischen viele Klöster gegeben, und man könnte in Versuchung kommen, sie für Bildungsstätten zu halten. Allen Anschein nach scheint aber dieser Trieb ihnen nicht innegewohnt zu haben. Verdiente Männer werden auch nicht genannt, die aus denselben hervorgingen. So hatte denn Georg Ernst ein grosses Feld für seine Thätigkeit auf diesem Gebiet. Er begann sie zugleich mit der Reformation der Kirche, indem er der Schule der Residenz seine besondere Aufmerksamkeit widmete. Sie wurde im Jahre 1560, wie wir aus einer Verordnung ersehen, mit zwei gelehrten Magistern, einem Kantor und einem Collaborator besetzt. Die Besoldungen der Lehrer dieser und der andern Schulen wurden aus dem sog. Landschulkassen bestritten, in den die Einkünfte der eingezogenen Stifter geflossen waren. Seither hatten arme Schüler der schleusinger Schule einen Theil ihrer Verköstigung aus der gräflichen Hofküche erhalten. Da aber der Graf sich um diese Zeit selten in der Stadt Schleusingen selbst, sondern meistens auf einem seiner Schlösser auf dem Lande aufhielt, so war die Hofküche eingegangen. Um den Schülern ihr Beneficium nicht zu entziehen, liess er ihnen jährlich 50 Malter Korn aus seinem Fruchtboden abgeben mit der ausdrücklichen Ermahnung an die Dispensatoren, diese Spende nicht nach Gunst und Freundschaft, sondern nur an Bedürftige und Würdige zu vertheilen. Dieselbe Ermahnung wird später nachdrücklich wiederholt. Während zeitweiligen Aufenthalts des Hofes in Schleusingen erhielten übrigens die Schüler ihre Verköstigung wieder aus der gräflichen Küche, ohne desshalb ihre Kornspende zu verlieren. Durch eine sehr ausführliche Verordnung vom Jahre 1569 werden wir über die in der jungen Schule gepflegten Unterrichtsfächer belehrt. Die Wissenschaften waren Grammatik, Dialektik, Rhetorik, Musik, Arithmetik. Der Sprachunterricht erstreckte sich auf Griechisch und Latein, und waren Cicero, Terenz, Virgil die in letzterer Sprache zur Lektüre bestimmten Schriftsteller. Latein sollte fleissig gesprochen und in beiden Sprachen schriftliche Uebungen veranstaltet werden. Zur Prüfung der Fähigkeiten wurden jährlich zwei Examina abgehalten, wobei die fleissigen Schüler Prämien erhielten, und Tragödien oder Comödien zur Aufführung kamen. Ein besonders wachsames Auge hatte der Fürst auf die Disciplin. Bald nach Errichtung der Schule hatte er eine laxe Handhabung derselben bemerkt. Da uns die dahingehende Verordnung einen tieferen Einblick in den damaligen Sittenzustand der Schulen gewährt, so ist es wohl der Mühe werth, etwas länger hierbei zu verweilen. Zunächst untersagte der Graf alles Excentrische in der Tracht; dazu gehörten die bei den Landsknechten üblichen Hosen, „die über die Knie hangen", wie es in der Verordnung heisst; ferner das, wie es scheint, sehr in Aufnahme gekommene Tragen von Stossdegen und anderen Waffen. Der Kirchenbesuch wurde streng geregelt. Der Ein- und Austritt sollte in guter Ordnung und Zucht stattfinden und zwar in regelmässiger Prozession, aus der sich keiner zu früh entfernen durfte. Da es manche der älteren Schüler unter ihrer Würde gehalten hatten, in den Stand der Schüler zu treten, so wurde ein solches Benehmen ernstlich untersagt und dazu ein besonderer Aufseher bestellt. Während der Predigt musste ein Lehrer mit dem Stock umhergehen und etwaige Ruhestörer sich zur späterer Bestrafung aufzeichnen. Eben so musste auch bei den in der Kirche stattfindenden Katechisationen stets ein Lehrer anwesend sein und darauf sehen, dass sich die Schüler züchtig und ehrbar betrügen und ihnen jedes unpassene Benehmen untersagen. Zur Bestrafung schwerer Vergehen sollte ohne Unterschied der Person die Strafe des Eselsitzens gehandhabt werden. Diese hielt der

Graf für besonders geeignet, auf das Ehrgefühl der Kinder zu wirken. Für den Fall, dass sich einer der erwachsenen Schüler widersetzen sollte, wurde der Arm der Obrigkeit in Anspruch genommen. So gingen des Grafen Verordnungen bis in's Kleinste, und er sorgte auch dafür, dass sie nicht bloss gegeben, sondern auch gehalten wurden. Er überzeugte sich persönlich von dem Zustand der Schule durch häufige Besuche, bei denen er sich auf das Genaueste nach der Schülerzahl, ihrem Betragen, Fleiss und den Bedürfnissen der Schule erkundigte. Zu dem wurde nicht nur dem Superintendenten, sondern auch den Diakonen eine häufige und gewissenhafte Inspektion zur Pflicht gemacht, sowie dem Rektor aufgegeben, nicht nur den Lebenswandel der Schüler, sondern auch der Lehrer zu beaufsichtigen. Doch auch in diesem Zustand genügte die Schule den wachsenden Ansprüchen des Grafen noch nicht. Sie wurde desshalb im Jahre 1577 in Ansehung der Lehrkräfte und Ziele nochmals erweitert und verbessert und zu einem Gymnasium umgestaltet. Es ist demnach dieses Jahr als das der Stiftung des jetzt noch blühenden Gymnasiums zu Schleusingen zu betrachten. Wir wollen das Nothwendigste aus dem weitläufigen Stiftungsbrief hier anführen. Georg Ernst betrachtete die Gründung des Gymnasiums als einen Akt der Pietät gegen seinen Vater, dem dieser Punkt sehr am Herzen gelegen hatte, wenn er selbst auch seiner Zeit wenig dafür that; zugleich aber auch als einen Akt der Nothwendigkeit in Betreff der Erhaltung der evangelischen Lehre. Wie schon erwähnt, hatte er gelegentlich der Visitationen den Mangel an Bildung bei seinen Geistlichen bemerkt und, wenn er auch schon durch Berufung auswärtiger Kräfte viel zu einem besseren Zustand beigetragen hatte, so wollte er doch auch einem später etwa eintretenden Mangel vorbeugen. Es sollte daher die Schule sowohl im Allgemeinen ein Mittelpunkt für die Pflege der reinen Lehre in der Grafschaft werden, als auch in's Besondere eine Pflanzstätte für künftige Theologen. Aus diesem Grund waren auch in den an die Stiftungen der Schule sich anschliessen den Stipendien die Studirenden der Theologie besonders bevorzugt. Die Mittel dazu gaben ebenfalls die ziemlich reichen Einkünfte der Kirchen und Klöster. Er rechtfertigt sich ausdrücklich, dass er dieselbe zu Schulzwecken verwende; seine Vorfahren hätten die gestifteten Summen göttlichen Zwecken weihen wollen und den Sitten und dem Glauben ihrer Zeit nach dies auf keine andere Weise, als durch Schenkungen an Kirchen und Klöster thun können. Da diese jedoch abergläubischen Zwecken dienten, so glaube er im Geiste seiner Vorfahren und der sonstigen Stifter zu handeln, wenn er diese zu pias causas bestimmten Summe der Schule zuwende, da ja jedenfalls dadurch ein nützliches und Gott wohlgefälligds Werk geschähe. Er stiftete also ein Alumnat, worin 20—30 befähigte Schüler aus der Grafschaft, „felicia ingenia", wie er sich ausdrückte, unter einem Inspektor unentgeltlich wohnen, erhalten und erzogen werden sollten. Neben den Gymnasialstudien sollte denselben besonders Lust und Liebe zur Theologie eingepflanzt werden. Zur Bestreitung der Kosten bestimmte er neben einer angemessenen Geldsumme noch reichliche Naturallieferungen. Ausserdem stiftete er mehrere für die damalige Zeit nicht geringe Stipendien ebenfalls bloss für Studirende der Theologie. Die Eltern oder Vormünder mussten sich dabei verpflichten, ihre Söhne keine andere Wissenschaft studiren zu lassen. Diese selbst mussten sich nach vollendeten Studien im Hennebergischen anstellen lassen oder in andern Fall, die durch Alumnat und Stipendien auf sie gewandten Kosten ersetzen. Zu dem wurden die Gehalte der Lehrer verbessert und eine grössere Anzahl armer Schüler gespeist. Die zu Schulzwecken benutzten Renten von Klöstern waren die der Klöster Vessra, Rohra, Trostadt, Frauen-Breitungen, Wasungen und des Stiftes Schmalkalden. Die Aufsicht über dieselben legte er in die Hände des jedesmaligen Superintendenten und zweier unbescholtener, bemittelter Bürger der Stadt Schleusingen, welche seinen Räthen Rechenschaft abzulegen hatten. In Betreff des Sitzes der Schule hatte man aufangs lange geschwankt, indem viele Gründe dafür sprachen denselben nach Meiningen zu verlegen. Denn Meiningen war an sich bedeutender als Schleusingen und hatte den Vortheil, in der Mitte der Grafschaft zu liegen. Da jedoch Schleusingen den Ruhm des alten Stammsitzes der Linie für sich hatte, und es dem Wunsche des alten Grafen so entsprechend war, um der Stadt eine Nahrungsquelle zuzuführen, so richtete Georg Ernst die Gebäude des ehemaligen Minoritenklosters zu diesem Zweck her. Bei der Einrichtung der Schule war besonders der mehrfach erwähnte Kanzler Glaser thätig. Die ersten Lehrer wurden als tüchtige Schulmänner gerühmt; der erste Rektor, M. Moller, docirte neben den Humaniora auch die Institutionen. Die Errichtung der Anstalt gereichte der Grafschaft in der Folge zu grossem Segen. Mit gleicher Umsicht sorgte der unermüdlich thätige Fürst für die Pflege des Schulwesens in den andern Orten der Grafschaft. So wurden in Suhl, Ilmenau, Themar, Römhild, Schmalkalden und Meiningen bessere Schulen errichtet, und die Früchte seines väterlichen Waltens blieben auch hier nicht aus.

Um die Thätigkeit Georg Ernsts in Kirche und Schule im Zusammenhang betrachten zu können, mussten wir ein Ereigniss einstweilen unberücksichtigt lassen, welches ihn wirklich zum alleinigen Regenten der Grafschaft machte; es ist dies der Tod seines Vaters, an den ich einige andere Familienereignisse anknüpfe.

Tod des Grafen Wilhelm.

Wilhelm starb am 18. Januar 1559 sanft und ruhig in Beisein seiner beiden noch lebenden Söhne Georg Ernst und Poppo, nachdem er längern Zeit an einem hitzigen Fieber, wie die Chronik sagt, krank gelegen hatte. Der älteste deutsche Fürst damaliger Zeit war mit ihm zu Grabe gegangen und zugleich ein standhafter Bekenner der Lehre Luthers. Sein Charakter war offen und ehrlich. Wenn auch seine Befähigung zur Leitung der Staatsverwaltung keine besondere war, so war er doch wegen seiner Gutmüthigkeit, Rechtlichkeit und Leutseligkeit von seinen Unterthanen geliebt, und sie sahen über manche Schwächen hinweg. Er war durchaus nicht prachtliebend, im Gegentheil in Kleidung und äusserem Auftreten einfach; bei Gelagen und Schmausereien scheint jedoch an seinem Hof nicht immer das rechte Mass gehalten worden zu sein. Was er in früheren Jahren verschuldet hat, ist meist auf Rechnung böser Räthe zu schreiben, deren Einflüsterungen er als junger unerfahrener Mann öfters nachgab.

Als Verdienst ist ihm die auf seinen Antrieb durch den Kanzler Dr. Joh. Gamelius verfasste „Landesordnung der fürstlichen Grafschaft Henneberg" anzurechnen. Nachdem man vorher bloss nach einigen kaiserlichen Mandaten und nach dem Herkommen Recht gesprochen hatte, bildete dieses Werk nun eine feste Grundlage des Rechtslebens in der Grafschaft und gilt in Beziehung auf Erbrecht und eheliches Güterrecht in den ehemals hennebergischen Landestheilen meistens bis auf den heutigen Tag.

Die irdischen Reste des Grafen wurden im Beisein seiner Söhne in dem 2 Stunden von Schleusingen liegenden ehemaligen Kloster Vessra beigesetzt, später jedoch zugleich mit den Resten der übrigen Glieder der schleusinger Linie nach Schleusingen übergeführt, wo sie in der Begräbnisskapelle der Stadtkirche aufbewahrt werden. Sein Wahlspruch war: omnia vincit virtus. Die Vollziehung des Testamentes veranlasste keine weiteren Veränderungen. Es berief sich auf den zwischen Georg und Poppo abgeschlossenen Vertrag, in dem letzterer der Regierung entsagt hatte. Dieses sollte in Kraft bleiben und in Folge dessen alle Hoheitsrechte und Lehrer an Georg Ernst fallen; für den Fall des kinderlosen Absterbens des Grafen und seines Bruders sollte die Grafschaft an das herzogliche Sachsen kommen. Doch davon später mehr.

Von seinen Töchtern lebten damals noch Katharina, Gräfin von Schwarzburg, Walpurgis, Gräfin von Gleichen, und Elisabeth, Gräfin von Reiferscheid und Salm. Von seinen Söhnen ausser Georg Ernst nur noch Poppo. Wenn auch des letzteren Name mit dem seines Bruders und Vaters auf Urkunden zuweilen vorkommt, so lebte er doch im Ganzen zurückgezogen und fern von Regierungsgeschäften. Er liebte theologische Studien und die Jagd; ist aber daneben von dem Verdacht der Liebe zu Trinkgelagen nicht freizusprechen.

Georg Ernsts Ehe war bis dahin kinderlos gewesen. Im Jahre 1562 gebar ihm seine Gemahlin endlich einen Sohn; doch war diese Freude nur von kurzer Dauer, da der junge Prinz schon vor der Taufe starb. Wenige Jahre darauf folgte ihm seine Mutter nach. Sie war eine fromme, der lutherischen Religion aufrichtig ergebene Fürstin, in Krankheiten und sonstigen Nothständen ein Schutzengel ihrer Unterthanen. Sie schied tief und aufrichtig von Jedermann betrauert aus dem Leben. Da dem Grafen überaus viel an einer Nachkommenschaft lag, so schritt er im Jahre 1566 zu einer zweiten Vermählung und zwar mit der Prinzessin Elisabeth von Württemberg, Tochter des Herzogs Christoph, seines vertrauten Freundes. Sie war damals erst 20 Jahre alt, während ihr Gemahl bereits 55 zählte. Da auch diese Ehe kinderlos blieb, so gab Georg Ernst nunmehr die Hoffnung auf Nachkommenschaft auf und traf die entsprechenden Massregeln. Doch ehe wir zu diesem wichtigen Abschnitt übergehen, müssen wir erst Georg Ernsts sonstige Thätigkeit während seiner Regierung kennen lernen, da wir uns bis jetzt auf sein Wirken in Betreff der Verbesserung von Kirche und Schule beschränkt haben.

Georg Ernsts sonstige Regierungsthätigkeit.

Wir haben in diesem Betracht zunächst einige territoriale Veränderungen anzuführen, und zwar beginnen wir mit de

Vertauschung des bisher hennebergischen Amtes Mainberg gegen das würzburgische Meiningen, welche zwar schon vor dem eigentlichen Regierungsantritt des Grafen Georg Ernst statt fand, aber hauptsächlich durch seine Wirksamkeit zu Stande gebracht wurde. Mainberg war ein hübscher Flecken mit Schloss in der Nähe Schweinfurts; es gehörten zu dem Amt etwa 20 Dörfer, viele und grosse Waldungen, Felder, Wiesen und Weinberge. Da nun Wilhelm häufig in Geldverlegenheit war, so sandte er schon 1540 seinen Amtmann Endres von der Kere nach Würzburg, um das Amt Mainberg dem dortigen Stift zum Verkauf anzubieten. Er gab vor, dass schon andere Käufer z. B. der Kurfürst Johann Friedrich von Sachsen und der Landgraf Philipp von Hessen Angebote gethan hätten, doch würde es sich am Besten der Lage wegen für Würzburg eignen. Da Wilhelm jedoch einen zu hohen Preis forderte, so willigte der Bischof nicht ein. Inzwischen trat ein neuer Bischof, Konrad von Bibra, an die Spitze des Stiftes, welcher, wohl besonders durch Wilhelms Gläubiger, die meistens würzburgische Amtleute, Räthe und Diener waren, gedrängt, sich auf neue Unterhandlungen einliess. So fand denn 1541 eine Zusammenkunft der contrahirenden Partheien in Schweinfurt statt, wobei hennebergischer Seits Georg Ernst selbst vertreten war. Fast hätte sich wegen zu hoher Forderungen die Sache abermals zerschlagen, wenn nicht Georg Ernst im letzten Augenblick noch gelindere Saiten aufgezogen hätte. So wurde Mainberg für 304,031 Gulden verkauft und die Stadt Meiningen mit in den Kauf genommen. Der Bischof behielt sich dabei noch vor, dass, wenn die Grafen Meiningen wieder verkaufen wollten, der Bischof das Recht haben solle, die Stadt für 50,000 Gulden an sich zu bringen. Mainberg, das seit 1534 zum Protestantismus übergetreten war, wurde in Folge dessen wieder katholisch. Die Stadt Meiningen aber huldigte im Jahre 1542 den Hennebergern unter der Linde, nachdem die Stadt ihrer Pflichten gegen das Stift losgesprochen war und erhielt von dem Grafen ihre alten

Privilegien wieder, die sie wegen der Betheiligung am Bauernkrieg und Begünstigung der Reformation verloren hatte. 1565 wurden sie durch Georg Ernst bestätigt und von seinem Kanzler Glaser unterschrieben. Es wird in denselben ausgesprochen, dass ohne gleichmässige und rechtmässige Statuten keine Polizei friedlich augestellt, dass die Wohlfahrt der Unterthanen nicht gedeihen könne, dass ohne gute Ordnung Zerstörung und Untergang des öffentlichen und privaten Interesses folgen müsse. Die Wohlfahrt der Stadt lag Georg Ernst während seiner ganzen Regierungszeit besonders am Herzen und er sorgte für gute Verwaltung, für schnelle und unpartheiische Rechtspflege. Eine anderweitige territoriale Veränderung, resp. Vermehrung des Landes erfolgte durch das Aussterben der römhilder Linie. Die vormals aschacher, später, seit sie nach dem Aussterben der hartenberger Linie deren Länder mit Römhild an sich gebracht hatte, nach letzterer Stadt genannte Linie lebte um die Mitte des 16. Jahrhunderts in den Brüdern Berthold und Albrecht fort die sich 1532 so abgetheilt hatten, dass jener Römhild, Hartenberg, Lichtenberg und ¼ Henneberg, dieser Schwarza, Kühndorf, Hallenberg, ½ Benshausen, ¼ Henneberg und ½ Salzungen erhielt. Wie Albrecht, so hatte auch Berthold mit seinem Land schon 1535 die Reformation angenommen; durch wessen Mitwirkung und unter welchen näheren Umständen, ist nicht bekannt. Theils durch die Ungunst der Verhältnisse, theils durch eigne Schuld war er in eine sehr bedrängte Lage gerathen. Sein erst durch seinen Vater in Römhild erbautes Schloss war abgebrannt, und ein unökonomischer Staatshaushalt hatte grosse Schulden hervorgerufen. Er bot daher seinem Bruder Albrecht zu wiederholten Malen sein Land gegen Uebernahme der Schulden an. Doch Albrecht gab ausweichende Antworten voll von Vorwürfen über die leichtsinnige Wirthschaft seines Bruders. Georg Ernst und Poppo nahmen sich der Sache eifrigst an und suchten Albrecht zu milderer Gesinnung gegen seinen Bruder zu stimmen. Denn es war ihnen viel daran gelegen, dass kein Theil des hennebergischen Landes in fremde Hände gelange. Allein Alles war vergeblich, und sie selbst konnten aus Geldmangel dem bedrängten Vetter keine Hülfe leisten. So sah sich denn Berthold in die Nothwendigkeit versetzt, 1548 seine Besitzungen seinen Schwägern, den Grafen von Mansfeld gegen Uebernahme der Schulden und Gewährung eines lebenslänglichen Unterhaltes anzubieten. Diese verkauften einen Theil des Landes an Würzburg, einen andern an das ernestinische Sachsen und nur $\frac{1}{4}$ Henneberg an die schleusinger Linie. Berthold genoss den ihm gewährten Unterhalt nicht lange, er starb schon im folgenden Jahr. Glücklicher war Georg Ernst nach dem Absterben von Bertholds Bruder Albrecht, der in demselben Jahr ebenfalls mit Tod abging und im Beisein der Wittwe, Georg Ernsts und Poppos in Römhild beigesetzt wurde. Nun hatte Albrecht kurz vor seinem Tod ein Testament errichtet, in dem er seine Frau Katharine, geb. Gräfin zu Stolberg, und deren Brüder Wolfgang, Ludwig, Heinrich, Albrecht, Georg und Christoph zu Erben seiner Länder ernannte. Obwohl nun zwar die im Jahre 1274 erfolgte Theilung der hennebergischen Lande keine blosse Mutschierung, sondern eine Grundtheilung gewesen war, wie Schultes ausführlich nachweist, obwohl jeder Zweig bei etwaigen Bestätigungen der Lehen auf seine abgetheilten Lande belehnt wurde, obwohl die Reichs- und Kreisumlagen von jedem Zweig einzeln entrichtet, die Reichs- und Kreistagsstimmen einzeln geführt zu werden pflegten; so war doch die agnatische Verbindung nicht aufgehoben, wie sich aus der gleichmässigen Führung von Titel und Wappen ergiebt. Daher sah sich die schleusinger Linie nicht an das Testament gebunden, legte bei mehren kaiserlichen Notaren feierlich Protest dagegen ein und ergriff von den erledigten Ländern Besitz. Mittlerweile hatte sich Katharine an das Reichskammergericht und an den Kaiser selbst gewandt, welche das Testament Albrechts für authentisch erklärten und Schutz versprachen. Gleiche Schritte thaten auch die hennebergischen Grafen und wussten ihre Rechte so nachdrücklich geltend zu machen, dass 1553 ein kaiserliches Dekret erschien, durch welches dem Grafen Wilhelm die alten Reichslehen zugesprochen wurden, welche im Lebensbrief Kaiser Rupprechts vom Jahr 1405 enthalten seien, über die neueren aber Erkenntniss vorbehalten wurde. Nunmehr suchte man stolbergischer Seits der Sache dadurch eine andere Wendung zu geben, dass man die im erwähnten Lehensbrief nicht enthaltenen Länder für Allodien erklärte, sich über die Occupirung des der Gräfin Katharine zum Wittwensitz bestimmten Schlosses Kühndorf beschwerte und um Ueberweisung desselben an die Gräfin bat. Dem letzteren Gesuch wurde nun allerdings durch ein kaiserliches Mandat vom Jahr 1566 Folge geleistet; allein Georg Ernst scheint nach wie vor im Besitz Kühndorfs geblieben zu sein. Denn er liess das Schloss restauriren und hielt sich gern dort auf. Nach seinem Tod übernahm Sachsen mit seinen Ländern auch den stolbergischen Prozess, der erst nach längeren Jahrzehnten zum Vortheil Sachsens durch Vergleich beendet wurde.

Im Jahre 1566 liess sich Georg Ernst durch den Kaiser Maximilian I. den Besitz seiner bisherigen Lehen, sowie der neu erworbenen bestätigen. Ausser vom Reich trugen die Grafen auch vom Stifte zu Hersfeld Lehen, deren letzter Lehensbrief vom Jahre 1573 datirt. Im Besitz von Schmalkalden waren die hennebergischen Grafen gemeinschaftlich mit den Landgrafen zu Hessen und nahmen die Huldigung in Gemeinschaft entgegen. So waren zugleich mit Georg Ernst und Poppo im Jahre 1567 Wilhelm, Philipp und Georg, die Söhne Philipps des Grossmüthigen, zu diesem Zweck in Schmalkalden. Nachdem früher zwischen beiden Häusern zuweilen Streitigkeiten vorgekommen waren, stellte man nun einen besonderen Vertrag auf, nach dem die Ansprüche der beiden Häuser dahin geregelt wurden, dass man eine gemeinschaftliche Verwaltung einsetzte und die Revennen theilte. Von Würzburg trugen die schleusinger Grafen die Marschallswürde zu Lehen.

Dieser hatte sich schon Wilhelm entledigt, die mit der Würde verbundenen Güter jedoch seinen Kindern vorbehalten. Eine von Bischof ihm gestellte Zumuthung, dieses Amt wieder anzunehmen, wies Georg Ernst entschieden zurück; eben so die fernere Verwaltung des Burggrafenamtes. Er weigerte sich der Lebensempfängniss, als ihm Bischof Conrad dazu aufforderte. Dieser protestirte zwar dagegen; aber nach einer Gegenprotestation von Seiten des Grafen verlief sich der Streit, ohne dass der Bischof seinen Willen erreicht hätte. So hatten die Grafen und Herren zu Henneberg kräftig dem geistlichen Hochmuth zu begegnen gewusst. Denn wenn sie auch dem Hochmuth selbst fern standen, so dulteten sie doch nicht eine Herabsetzung ihrer Würde durch solche, die ihnen im Rang nicht einmal gleich standen. Von den Kaisern waren die Grafen der früheren Zeit besonders hoch geachtet. Die Anrede an sie lautete: Hochgeborener unser und des Reichs Fürst und lieber und getreuer N. N. Graf und Herr zu Henneberg. Doch bedienten sich weder die Grafen der früheren Zeit, noch Georg Ernst jemals des Fürstentitels, sondern nannten sich stets: Grafen und Herren zu Henneberg, obwohl Henneberg-Schleusingen 1310 und Henneberg-Römhild 1460 in den Fürstenstand erhoben worden war. Wie der Titel, so blieb auch das Wappen, die schwarze Henne auf 3 grünen Hügeln den verschiedenen Linien gemeinsam, zu dem jedoch die schleusinger Linie noch das würzburgische Wappen, bestehend in einem halben Doppeladler auf weiss und roth geschatteten Feldern, die römhilder eine Säule speciell hinzunahmen.

Im Allgemeinen erfreute sich Henneberg unter der Regierung des friedliebenden und wohlwollenden Fürsten einer dauernden Ruhe. Denn einem Fürsten wie Georg Ernst, der seinen Regentenruhm nicht in hervorragenden Thaten bei kleinen Fehden suchte, sondern nur auf den Wohlstand seines ohnehin nicht reichen Landes bedacht war, musste Frieden und Ruhe im Lande vor Allem am Herzen liegen. Darum hielt er sich auch während des schmalkaldischen Krieges neutral und bewog die Bewohner mehrerer Dörfer, die sich schon mit ihren Habseligkeiten flüchten wollten, wieder getrost in ihre Heimath zurückzukehren. Wie er das der Stadt Schmalkalden drohende Verderben abwendete, haben wir schon zu erwähnen Gelegenheit gehabt. So wurde die Ruhe bloss vorübergehend durch eine Fehde des Herzogs Heinrich von Braunschweig-Wolfenbüttel mit dem bekannten Markgrafen Albrecht von Brandenburg gestört. Albrecht hatte an der Verbindung des Kurfürsten Moritz gegen den Kaiser theilgenommen und dafür die Zusicherung erhalten, sich für seine Kriegskosten an den Gütern der nicht verbündeten Herren schadlos halten zu dürfen. Da man ihm jene Zusicherung im passauer Vertrag nicht garantiren konnte, so unternahm er Plünderungszüge gegen die Bisthümer Würzburg und Bamberg, sowie gegen die Städte Nürnberg und Schweinfurt, welche er rücksichtslos brandschatzte. Gegen ihn verband sich Moritz mit dem König Ferdinand und dem Herzog Heinrich den Jüngeren von Braunschweig-Wolfenbüttel, demselben, der als erbitterter Feind des Protestantismus wegen der harten Behandlung seiner Unterthanen von Johann Friedrich und dem Landgrafen Philipp dem Grossmüthigen früher hart gezüchtigt worden war. Nachdem in der für den Markgrafen unglücklichen Schlacht bei Sievershausen 1553 Moritz gefallen war, übernahm Herzog Heinrich die Fortsetzung des Krieges gegen den Markgrafen, schlug ihn bei Lichtenfels, belagerte ihn in Schweinfurt, nahm die Stadt ein und drängte ihn in die Flucht. Einen Haufen wilden Gesindels, das sich um diese Zeit im Hennebergischen umhertrieb, hielt er für Bundesgenossen Albrechts und, da er noch mehr Anhänger desselben in Meiningen vermuthete, so rückte eine Heeresabtheilung von 4 Schwadronen Reitern und 400 Hakenschützen zunächst nach Schmalkalden und dann nach Meiningen, um die Stadt zu belagern. Grund zu jener Vermuthung mochte der Umstand geben, dass Herzog Erich von Braunschweig, ein Sohn erster Ehe von

Poppos Gemahlin Elisabeth, nachgelassener Wittwe Erichs des Aelteren, in der Fehde auf Albrechts Seite stand. Georg Ernst verfügte sich daher zu Pferde zu den Braunschweigern, theilte ihnen mit, dass der Gemahl der besagten Elisabeth nicht er, der regierende Fürst, sondern sein Bruder Poppo sei und brachte es durch Bitten und Drohungen dahin, dass sie aus Henneberg abzogen. So handelte er nicht, weil es ihm etwa an Muth und Macht zu thatsächlichem Widerstand gefehlt hätte, sondern um seinen Unterthanen die Plage einer Fehde zu ersparen.

Sein Sinn für Friede und Ordnung zeigte sich durch eine kräftige Handhabung der Justiz und sorgfältige Pflege der Verwaltung. Er litt nicht, dass eine Strafe ohne sorgfältiges Verhör verhängt wurde. Daher war er oft und gern bei Verhören anwesend und sah mit aller Strenge darauf, dass kein Unterschied der Personen dabei stattfand. Selbst auf Reisen nahm er Klagen seiner Unterthanen willig entgegen. Gegen die Abschaffung des Wuchers, der durch die in seinem Ort Walldorf wohnenden Juden ausgeübt wurde, erliess er strenge Verordnungen. Sie durften keinen zu hohen Zins, sondern vom Gulden nur 1 Pfennig wöchentlich nehmen, nicht Zins auf Zins stehen lassen, ohne Wissen der Obrigkeit nicht über 5 Gulden verleihen, nicht auf gestohlene Sachen borgen. Doch gestattete er auf der anderen Seite auch keine Bedrückungen und Verfolgungen derselben, wie ein vom Jahr 1552 datirender Schutzbrief beweist, der einer Anzahl in der Grafschaft wohnender Juden gegen eine Abgabe an Geld und Naturalien gleichen obrigkeitlichen Schutz, wie seinen christlichen Unterthanen garantirte. Schuldige traf stets die volle Strenge des Gesetzes, und es scheinen Schwert und Galgen nach der Sitte der Zeit häufig in Anwendung gewesen zu sein. In der Verwaltung war er äusserst vorsichtig und sparsam, hob nicht ohne dringende Noth Steuern aus und bezahlte oft die Reichsumlagen aus seiner eigenen Schatulle. Milde Stiftungen begünstigte er und erwies sich selbst freigebig gegen dieselben, den Gemeinden gewährleistete er ihre alten Rechte in Bezug auf den Fischfang und suchte Handel und Industrie auf alle Weise zu heben.

Es gewährte ihm daher eine grosse Freude, als ein unternehmender Mann, Hans Weyrach, begann, den seit längerer Zeit verfallenen Bergbau bei Ilmenau wieder aufzunehmen. Er versah ihn und seine Genossenschaft mit weitreichenden Rechten und Privilegien, versicherte sie seines vollen obrigkeitlichen Schutzes, gab ihnen das nöthige Bauholz, sicherte eine strenge Bestrafung jeder Beschädigung der Werke zu und begnügte sich mit dem 15. anstatt des 10. Theils vom Ertrag. So gelangte in den Jahren 1559-64 das Bergwerk auf der Sturmheyde bald wieder zu hoher Blüthe, so dass wöchentlich 24 Centner Kupfer, von denen jeder 24 Loth Silber enthielt, geschmolzen wurden. Zur Sicherung der Verhältnisse erliess der Graf 1560 eine besondere Bergordnung für die Grafschaft. Doch geriethen sowohl dies, als auch andere neu in's Leben gerufene Bergwerke gegen Ende der Regierungszeit Georg Ernsts durch die Ungunst der Verhältnisse wieder in's Stocken. Damit stand auch eine Verbesserung des Münzwesens in naher Beziehung. Das Bergwerks- und Münzregal war 1559 durch Kaiser Ferdinand, 1566 durch Maximilian II. und 1579 durch Rudolph II. ihm in einem Bestätigungsbrief auf's Neue zugesichert worden. Es wurden ganze, halbe und viertels Thaler ausgemünzt. Diese Münzen trugen zu Lebzeiten Wilhelms noch dessen Bild.

Ueberblicken wir Georg Ernsts Thätigkeit noch einmal kurz, so gewährt seine ganze Regierungszeit das Bild einer geregelten, umsichtigen Verwaltung und, wenn die Zustände unter seinen Vorgängern nicht schon zu tief gesunken gewesen, so wäre der kleine Staat trotz seiner geringen Erwerbsquellen zu einem gewissen Wohlstand emporgekommen. Vielleicht hätte auch ein gleich gesinnter Erbe das Haus Henneberg wieder zu seinem alten Ansehen verholfen. Allein das Schicksal versagte ihm diesen. Sowie dieser Umstand bei ihm fast zur Gewissheit geworden war, so bestand seine vorzüglichste Sorge darin, die

Verhältnisse der Erbfolge zu regeln, damit auch nach seinem Tode Friede und Ordnung im Lande herrsche. Es machen daher die in Betreff der Erbfolge gepflogenen Unterhandlungen ein wichtiges Moment seiner Thätigkeit aus.

Verhandlungen über die Erbfolge.

Sie begannen um 1550 und erreichten ihren Abschluss in dem Kahlaer Erbfolgevertrag 1554.

Schon im erstgenannten Jahr liess Moritz von Sachsen durch seinen Oberhofrichter Melchior von Osse die Hennebergischen Grafen ersuchen, ihn in die Mitbelehnung sämmtlicher Reichs- und anderer Lehen aufzunehmen, da das Absterben des gräflichen Hauses möglich und eine Vereinigung der hennebergischen mit den sächsischen Ländern im Interesse beider liege. Die gewinnsüchtigen Absichten des Kurfürsten lagen in diesem Schreiben zu klar am Tage, als dass man sogleich auf dieselben hätte eingehen können. Man antwortete ihm also, dass man die wichtige Sache sorgfältig in Erwägung ziehen und seiner Zeit dem von Osse Antwort geben wolle. Da jedoch nach Jahresfrist noch keine Antwort erfolgt war, so schickte der Kurfürst den erwähnten von Osse selbst nach Henneberg ab und gab ihm eine Instruktion mit, laut welcher er sich genau über die Einkünfte des Landes informiren, sowie den Entwurf eines vom Grafen Wilhelm an den Kaiser zu richtenden Gesuches übergeben sollte, in dem Wilhelm um die Eventualbelehnung mit sämmtlichen hennebergischen Lehen bei dem Kaiser nachzusuchen hatte. Moritz liess sich dabei nicht undeutlich merken, dass er die Belehnung auch wohl ohne Einwilligung hennebergischer Seits durch die Gnade des Kaisers erlangen könne Dies wäre in der That nach dem damaligen Verhältniss zwischen dem Kaiser und Moritz nichts Unmögliches gewesen. Trotzdem wollten die hennebergischen Grafen nicht ohne Weiteres auf die Vorschläge Moritzens eingehen, die ihnen in finanzieller Beziehung keinerlei Erleichterung gebracht hätten. Nachdem sich also Wilhelm mit seinen Söhnen die Vorschläge nochmals reiflich überlegt hatte, schickte er Ende des Jahres 1551 den Entwurf eines Erbfolgevertrags an Moritz ab, nach welchem er diesem alle Regalien und Lehen unter folgenden Bedingungen überlässt: 1) Moritz gewährt die unverminderte Handhabung der Regierung den jetzt lebenden Grafen oder ihren etwaigen Nachkommen bis zum Aussterben des gräflichen Hauses, 2) gestattet, dass die Gemahlinnen der Söhne je ein Witthum in den hennebergischen Besitzungen erhalten, und dass die Söhne selbst zu Erhaltung von Treu und Glauben 20,000 Gulden auf die Herrschaft aufnehmen, 3) giebt anstatt einer Kaufsumme 350,000 Gulden und erwirkt die Belehnung beim kaiserlichen Hof auf seine Kosten. Diese Ansprüche waren in der That etwas zu stark; denn Georg Ernst stand noch in kräftigem Mannesalter — er war 40 Jahre alt — Poppo noch etwas jünger. Georg Ernst erzeugte einige Jahre später noch einen Sohn, der freilich, wie wir erwähnten, bald darauf starb. Die Möglichkeit des Aussterbens war damals zwar fast, aber noch nicht absolut zur Gewissheit geworden. Moritz antwortete daher, die Forderungen seien derart, dass sie erst sorgfältig in Erwägung gezogen werden müssten; alsdann wolle er antworten. Inzwischen fiel er, und auch eine Reise Georg Ernsts an den Hof nach Dresden konnte die Unterhandlungen nicht wieder in's Geleise bringen. Im Jahre 1554 erklärte Moritzens Bruder und Nachfolger August unumwunden, seine Privatkasse sei so hohen Ansprüchen nicht gewachsen, und die durch seines Bruders zahlreiche Kriege geschwächte Staatskasse könne bei der Ungewissheit des Anfalls der hennebergischen Länder nicht in Anspruch genommen werden.

So zerschlugen sich die Unterhandlungen mit dem albertinischen Sachsen und Georg Ernst wandte sich nun an die weimarische Linie mit dem Antrag, dass die Grafschaft Henneberg den sächsischen Herzögen Johann Friedrich dem Mittleren,

Johann Wilhelm und Johann Friedrich dem Jüngeren unter der Bedingung überlassen werden solle, dass sie ihm eine näher zu bestimmende Summe auf 20 Jahre ohne Zinsen vorschössen und im Fall des früheren Aussterbens des Hauses Sachsen dem Haus Henneberg die Successioon in den sogenannten Ortlanden*) zusichern sollten; wenn aber die Brüder Georg Ernst und Poppo innerhalb der 20 Jahre männliche Leibeserben erhalten würden, die fälligen Zinsen zu Kapital geschlagen und beides verzinst werden sollte. Da die Herzöge nicht gleich auf diese Bedingungen eingehen wollten, so erklärte man hennebergischer Seits sehr kurz die Unterhandlungen für abgebrochen. Hierauf hin zog man in Weimar gelindere Saiten auf, und so kam denn noch in demselben Jahr 1554 der Erbverbrüderungsvertrag zu Kahla im Hzth. S. Altenburg zwischen dem ernestinischen Sachsen und den Grafen zu Henneberg zu Stande. Die Grundbedingung, die Henneberg stellte, war, dass Sachsen sogleich die hennebergische Landesschuld von 130,474 fl. 6 gr. übernehmen und 20 Jahre verzinsen solle; erwüchsen innerhalb dieser Zeit successionsfähige Nachkommen in Henneberg, so sollte die Grafschaft an Sachsen verpfändet sein, und die bewusste Summe nebst den mittlerweile angewachsenen und zu Kapital geschlagenen Interessen mit 5 Prozent verzinst werden. Erwüchsen jedoch innerhalb dieser Zeit keine successionsfähigen Erben, so sollten alle Lehen an Sachsen kommen. Stürbe Sachsen vor Henneberg aus, so sollte Henneberg die Pflege Koburg erhalten. Stürbe der sächsische und der hennebergische Mannsstamm aus, so sollte Henneberg an Hessen kommen. Der hennebergischen sowohl wie den sächsischen Allodialerben sollte bei dem eventuellen Aussterben des betreffenden Mannsstammes

---

*) Die Ortlande, später Pflege Koburg genannt, umfassten einen früher zur Grafschaft Henneberg, später an Sachsen gekommenen Landstrich mit den Schlössern und Aemtern Koburg, Heldburg, Königsberg i. Fr., Sonnefeld, Eisfeld, Neustadt a. H., Rodach, Sonneberg, Neuhaus, Ummerstadt.

neben dem Mobiliar die Summe von 50,000 Gulden zukommen. Wie die Erbtheilung später vollzogen wurde, und auf welche Weise auch das kurfürstliche Sachsen einen Theil der Erbschaft erhielt, gehört nicht in den Bereich unserer Abhandlung; wohl aber die Erwähnung eines Reverses, den ein natürlicher Sohn des Grafen Wolfgang ausstellen musste. Wolfgang, der dritte Sohn Wilhelms, der von seinem Vater an einer standesgemässen Heirath verhindert war, hatte einen Sohn erzeugt, der unter dem Namen Leonhard Henneberger eine Zeit lang am fürstlichen Hof zu Schleusingen sich aufhielt, daselbst ritterlich gehalten wurde und, von Wilhelm und Georg Ernst mit Empfehlungsbriefen versehen, auch an anderen fürstlichen Höfen gelebt hatte. In dem Revers, den er nach Wilhelms Tod ausstellen musste, sprach er für die ihm zu Theil gewordene Behandlung seinen Dank aus und entsagte allen Ansprüchen auf die Regierung.

Georg Ernsts Privatleben und Tod.

Was des Grafen Privatleben betrifft, so war er, wie sein Vater ziemlich einfach und hasste allen überflüssigen Prunk. Auf vertrautem Fuss stand er besonders mit Landgraf Philipp dem Grossmüthigen, dem Herzog Christoph von Württemberg, sowie mit Kurfürst Johann Friedrichs Söhnen, an deren Seite er 1558 bei der Einweihung der Universität Jena betheiligt war. Ein grosses Vergnügen gewährte ihm die Jagd, wozu sich ihm in seinem waldreichen Land hinlänglich Gelegenheit darbot, und der einzige Bauluxus, den er sich erlaubte, war ein Jagdschloss im Dorf Zillbach, wo er sich der ergiebigen Jagd wegen oft und gern aufhielt. Mit seinen Beamten und Geistlichen lebte er im Allgemeinen auf vertrautem Fuss, und ist unter den letzteren besonders sein Hofprediger Abel Scherdiger zu erwähnen, den er sowohl wegen seiner Verdienste, als auch wegen seines Humors und seiner Umgangsformen hoch schätzte und auf seinen

Reisen gerne mit sich nahm, so als er einmal in's Bad nach Kissingen und einige Male nach Ems reiste. Auch in seiner letzten Stunde begehrte er aus seinem Munde Trost und Erbauung.

Diese erreichte ihn, als er am 15. Decbr. 1583 auf einer Reise nach dem Stammsitz seines Geschlechtes, der im Bauernkrieg zerstörten Burg Henneberg, begriffen war, die er sonst nie aufgesucht hatte. Da verfiel der nun schon bejahrte Mann — er hatte das 72. Lebensjahr zurückgelegt — in dem Haus seines Burgmanns Hermann von Trott in eine schwere Krankheit; die Chronik schreibt von einem beschwerlichen Fluss auf der Brust, zu dem ein hitziges Fieber trat. Andere schreiben von hectica und exulceratio pulmonum, was bei einem 72jährigen Mann immerhin auffallend sein möchte. Ob und wie sich beides vereinbaren lässt, überlassen wir den Sachverständigen. Der Graf liess seinen Hofprediger Scherdiger rufen, empfing von ihm das Abendmahl und verschied ruhig um die Mittagsstunde des 27. Dec., nicht am 28., wie Spangenberg angiebt. Sein Tod wurde von allen Unterthanen tief empfunden und aufrichtig beklagt. Manche Gedichte auf seinen Tod zeugen von der ungeheuchelten Theilnahme und der Trauer des Landes. Die Trauer war um so grösser, da das ganze Geschlecht mit ihm ausstarb, und man nicht wusste, wie man sich unter dem sächsischen Regiment, zu dem man kein grosses Zutrauen hatte, befinden würde.

Die Leiche wurde, geleitet von der fürstlichen Wittwe, von der Gräfin Sophie, Poppos Wittwe, und dem gesammten Hofstaat, nach dem Schloss Massfeld gebracht, wo der Pfarrer Schaller eine Leichenpredigt hielt. Dann wurde sie einbalsamirt, in einen zinnernen Sarg gelegt und am 7. Januar nach der ungefähr 6 Stunden entfernten Residenz Schleusingen übergeführt. Der feierliche Leichenzug bewegte sich durch den lieblichsten Theil der Grafschaft, durch das Werrathal, um von Vessra aus in das einmündende Thal der Schleuse einzulenken. Geläute und Einwohner eines jeden Dorfes geleiteten den Condukt bis zur jedesmaligen Flurgrenze. Nachdem die in Schleusingen angekommene Leiche zwei Nächte hindurch bewacht worden war, wurde sie am 9. Januar Mittags in der fürstlichen Begräbnisskapelle bestattet. Der Sarg wurde von 12 Adligen getragen, deren Namen Juncker sorgfältig aufgezeichnet hat, Leibross, Schild und Helm folgten ihm nach. Die Leichenpredigt hielt Scherdiger. Sie wurde gedruckt, konnte aber leider eben so wenig wie die im Gymnasium von dem verdienten Rektor Moller gehaltene Rede aufgefunden und benutzt werden. Als der Sarg in's Grab gesenkt war, wurden Schild und Helm mit Schaufeln zerschlagen und auf den Sarg geworfen.

Man schritt nunmehr zur Eröffnung des Testamentes. Schon vor längerer Zeit mit aller Weitläufigkeit des Kanzleistils aufgesetzt, enthielt es im Eingang eine über viele Seiten sich erstreckende Abhandlung über die Hinfälligkeit des Irdischen und über die lutherischen Dogmen und untersagte allen unnöthigen Pomp bei der Bestattung. Es wird sodann die Eventualität eines oder mehrer noch kommender Kinder in Erwägung gezogen, und für diesen Fall nach Sitte des Landes die Regierung dem ältesten Sohn zuerkannt, der die jüngeren Geschwister zu apanagiren hat, wogegen diese üblicher Weise auf die Regierung Verzicht zu leisten haben Für den Fall, dass er Töchter hinterlässt oder kinderlos stirbt, erben die sächsischen Herzöge nach dem kahlaer Vertrag die Lehen mit der Verpflichtung, etwaige Töchter zu unterhalten und auszustatten. Für jenen Fall des kinderlosen Absterbens werden seine Schwester Elisabeth, Gräfin zu Salm, die Nachkommen seiner Schwester Katharine, Gräfin zu Schwarzburg, und seine Schwester Walpurgis, Gräfin zu Gleichen, zu Allodialerben eingesetzt und haben von Sachsen die Summe von 50,000 Thalern zu beanspruchen. Der Wittwe wird ein Witthum, sowie sämmtliches Mobiliar und Vieh zugesichert, die Bibliothek der Schule zu Schleusingen.

Die von Sachsen zu zahlende Abstandssumme wurde pünktlich ausgezahlt, wie die von Schultes angeführte Quittung anweist. Auch alle Beamten und Diener des Grafen und des gräflichen Hauses, Räthe, Hofprediger, Leibarzt, Hofjunker, Sekretäre, Edelknaben, Hofzwerge, Bediente, Stallknechte u. s. w. werden reichlich mit Geschenken bedacht, unter denen besonders Bildnisse des Grafen und Pferde eine grosse Rolle spielen.

Der hennebergische Namen wurde nun noch getragen durch die Wittwe Georg Ernsts, Elisabeth, die sich 1586 wieder mit Georg Gustav, Pfalzgraf bei Rhein verheirathete, und die Poppos, Sophia, die Burg-Breitungen als Wittwensitz erhalten hatte, aber diesen Sitz mit Ilmenau vertauschte. Sie soll in ihrer Jugend von ausserordentlicher Schönheit gewesen, ungemeine Kenntnisse besessen und besonders Latein fliessend gesprochen haben. Mit Georg Ernst war sie einst in Streit gerathen, als sie das ius episcopale über Ilmenau beanspruchte, was ihr der Graf nicht zugestand. Sie starb als die letzte Trägerin des hennebergischen Namens 1631 im Alter von 90 Jahren.

Georg Ernsts Charakter.

Was zunächst das Aeussere betrifft, so war Georg Ernst von stattlicher, kräftiger Gestalt, besass eine hohe Stirne, scharf ausgeprägte von einem mässigen Vollbart umschattete Züge; ein durchdringender, aber milder Blick strahlte aus seinem blaugrauen Auge. Dem Aeusseren entsprach sein Charakter. Milde mit heiligem Ernst gepaart, Friedliebe zu Hause, Tapferkeit im Felde, Erhabenheit über das niedrige Treiben der Welt, Sittenstrenge und echte Religiosität sind die Grundzüge seines Wesens. Er lebte und starb getreu seinem Wahlspruch: in te domine speravi, non confundar in aeternum. Das Absterben seines Geschlechtes war nicht die Strafe für den Abfall von der alten Kirche, wie es die Jesuiten dargestellt haben — auch katholische Fürstenhäuser sind ausgestorben — es war eine allerdings auffallende Ungunst des Schicksals, dass ein Geschlecht, welches im Anfang des Jahrhunderts so viele Zweige getrieben hatte, wenige Jahrzehnte darauf gänzlich erlosch. Ein edler Mann, ein wahrer Vater seines Volkes ist mit Georg Ernst zu Grabe gegangen; ein Geschlecht hat mit ihm geendet, dessen Glieder in früherer Zeit als starke Stützen des Reichs dagestanden hatten, dessen letztes als eine helle Leuchte des Protestantismus noch im Untergehen Segen ausgestrahlt hat.